LISTEN TO THE VOIC

听安静的声音

郭天鹏

——

著

北京航空航天大学出版社

图书在版编目（CIP）数据

听安静的声音 / 郭天鹏著 . –– 北京：北京航空航
天大学出版社，2016.7

ISBN 978-7-5124-2197-4

Ⅰ . ①听… Ⅱ . ①郭… Ⅲ . ①书评—中国—现代 – 选
集 Ⅳ . ① G236

中国版本图书馆 CIP 数据核字（2016）第 172919 号

听安静的声音

郭天鹏 著

策划编辑：杨慧君

责任编辑：刘立伟 赵 可

*

北京航空航天大学出版社出版发行

北京市海淀区学院路 37 号（邮编 100191） http://www.buaapress.com.cn

发行部电话：(010)82317024 传真：(010)82328026

读者信箱：ibook@buaacm.com.cn 邮购电话：(010)82316936

北京时代华都印刷有限公司印装 各地书店经销

*

开本：880×1230 1/32 印张：6.5 字数：161 千字

2016 年 12 月第 1 版 2016 年 12 月第 1 次印刷

ISBN 978-7-5124-2197-4 定价：26.80 元

目 录 / Contents

第 3 部　纯文学之大美，感哲思之致深

第 1 部

墨香之间，荧屏之上

LISTEN TO THE VOICE OF QUIET

道可道，非常道，道不尽梦中的京华

——荐林语堂《京华烟云》

至今没有读完《红楼梦》，确实不想读，每个人的人性都是有弱点的，大约自己的弱点就是不善温柔的情言蜜语。

据说林语堂先生最开始是准备翻译《红楼梦》的，最终作罢了；他自己写了《京华烟云》，据称是现代版的《红楼梦》，揣测这种言论多是出版商的噱头吧？

须要承认自己终于、至少现在还是欣赏不了曹雪芹的大作，也可能是不想欣赏高鹗续写的那一部分，但是对《京华烟云》则多有一种别样的感情，可能因为林语堂先生可道出的非常道，也可能因为似幻似真的梦中的京城。

毫无疑问，林语堂先生是一定有道家情怀的。在一定程度上我有点臆测。"子曰：勿意，勿必，勿固，勿我。"姚思安也许就是林语堂先生的影子，至少是林先生希望的影子。

一直羡慕先秦灿烂的文化，在那个没有信息的时代，思考者们在乎的只有放之四海而皆准的智慧：儒家"克己复礼"，把一切纳入和谐；墨家奔走呼号着"兼爱"，甚至于不惜用暴力促进和谐；法家在法制的实施与履行中将和谐体制化；道家则在形而上中解决思想上的和谐……

无所谓对与错，本来也不需要孟夫子的雄辩天下，所处的立场不同而已。父母双方都是为了家里好，只是首先要分出谁才是家里的主人，小到家庭，大到家国，如是而已。

"汉魏之后，儒道两家在历史上长期取得中国文化和哲学的代表性地位。确切地说，儒家在文化上取得主流的地位，道家则在哲学上取得主干的地位。"

——陈鼓应《道家的人文精神》

每个人的心中都有道家洒脱的灵魂，一如"每一个中国人的心里，都隐藏着一个儒者，一个佛教徒，还有一个强盗"，不同的环境激发着不同的角色。

非常喜欢林语堂先生的《京华烟云》，很难说不是一种道家的心理，在某种意义上，先生执着于道家却又突破了道家，至少突破了轮扁斫轮般的"道可道，非常道"，用一部长篇小说将不可道的非常道写得可道了。

当然也可以理解为先生只是在写书，其中没有道什么，因此所谓得道还是在书的不可道之中。比如姚思安始终不弃的平衡的信念——用木兰的聪慧去弥补荪亚的温厚，用莫愁的沉稳去弥补立夫的偏激；比如姚思安冥冥之中的无为——尽管他尽力去促成阿非和宝芬的姻缘，却从来不曾干涉红玉的痴情……如果不读完全书，这些领悟都很难深刻地把握。

突然想到虎扑专栏评论家信陵公子张佳玮关于球的一些评论，大致是说，只有经过漫长的沉闷才会明白世界波洞穿十指关、大幅度的底线穿越和石破天惊的扣篮之精彩。读书大约也是如此吧？

　　我相信自己没有心绪逃避为《京华烟云》写点什么，甚至是在放任手指敲出思想的路，看一看，"满屏"荒唐言：不是没有被木兰的坚韧和聪慧所打动，不是没有被莫愁的少年老成所打动，不是没有被红玉霸气侧漏的诗文才情所打动，不是没有为荪亚甚至于外遇也带着可怜的温厚所打动，不是没有为立夫愤世嫉俗的爱国情怀所打动，更多的是为姚思安不可道的淡然、科学和辩证的道家情怀所打动——"福气不是由外而来的，而是自内而生的。一个人若享真正的福气，或是人世间各式各样儿的福气，必须有享福的德性，才能持盈保泰。"京华的大道们用克己的实践呈现着最真实的"夫唯不争，故天下莫能与之争"——"人活着是为了过得好，不是为了过得比别人好"。

　　京华的人如此，曾经的京华亦如是：这座城市曾经有很多名字，周文王时为燕京、秦始皇时为蓟县、汉高祖时为幽州、隋文帝时为涿郡、辽圣宗时为析津府、完颜亮时为中都、元世祖时为元大都，直到明清民国的北平、北京；努尔哈赤的满族人到了，成吉思汗的蒙古人到了，完颜阿骨打的女真人到了，耶律阿保机的契丹人到了，当然还有最早的汉族人甚至于远古的山顶洞人，北京就在那里，它包容着一切，吸纳着一切，更同化着一切，最重要的是淡然着一切，一点一滴地繁衍着古老的中国人，改变着古老的中国人，进化着古老的中国人，同时也在繁衍、改变和进化着自己。

　　三千多年的历史进程并没有消化掉她自然的神韵，一个个点缀城中的湖泊、一座座古色古香的王爷府、城外环绕的依稀可见的玉泉河、若隐若现的墨色的西山、黄的琉璃瓦宫殿、紫绿的琉璃瓦寺院，"用黄黏米、白江米、红小枣儿、小红豆、栗子、杏仁儿、花生、榛子仁儿、松子儿、瓜子儿，跟红糖或白糖熬的腊八粥"，梦中的京城总是那么美，那么恬静。宛如玉渊潭公园中孩子放飞的风筝，宛如天坛公园中打打扑克的老太太和老大爷……

真正的城市确乎永远在梦中了，在现代化的建设中，所有的城市都或多或少地挤向不经分析的毕尔巴鄂效应，一如保罗·福塞尔所说的"建筑平民化趋势"，炫耀、浮夸和千篇一律，满是法国、瑞士、挪威甚至不知道哪里的影子，唯独将三千年积累的古老的庄严，透析进熙熙攘攘的人群缝隙中。

有人曾经讨论过是否要把林语堂先生旅法所写的这部《The Moment in Peking》直接翻译成《北京时刻》，终于还是《京华烟云》更有包容的霸气，更符合林语堂或者说姚思安道家儿女的"夫唯不争，故天下莫能与之争"的宏大心境。

很显然，现在京华像大多数的城市一样——争的太多了，撕去一个个世界第一的标签，梦中的京华早已经褪去庄严和淡然的色彩，只剩下了钢筋混凝土而已：人的生活经验、审美体验不再；人们交流、交换的愿望不再；城市的记忆不再；数十个时代的合作及城市的忠诚不再；唯一可以希冀的只有老北京为代表的中华民族包容、吸纳、同化和淡然的心，当然也包括自我修复。

我们命该遇到这样的时代。

——威廉·莎士比亚《辛白林》

梦中的京华，你曾经用道家的心包容了一切，相信也可以淡然地融合这个我们命该遇到的这样的时代。

2012 年 10 月 19 日

最后的秦声·电影与电视

——荐陈忠实《白鹿原》与贾平凹《秦腔》

八个月的光景，掐指一算，的确看了很多关于陕西——准确地说是关于大秦的书籍，也包括少许电视剧和电影节目的只言片语。

无言否认自己对于这个黑色中裂变而出的国家的深情，正如同中华民族在美国数不清的"唐人街"一样，我们国家的名字在外文中无非是CHINA、CHINESE 或者与之类似的。

这个浮躁的时代从来不乏无知而浮躁的人，于是有了很多砸烂自己同胞私人财产的"愤青"——更有可能的是推动他们以便鱼目混珠的别有用心之人。也有了很多言过其实的反思，其中一篇是对于成吉思汗、对于秦皇汉武的反思的文章，例举了很多，比如商君的秦国暴政愚民……

无意于反驳文中所说的基本算是正确的事实，也嗤之以鼻于这种片面和不符合历史实际的形而上。每个人都有自己的思想，无谓的争辩是无法弥合因思想不同引起的见解的不同的。

令人欣喜的是那片美丽的土地："滋水县境的秦岭是真正的山，挺拔陡峭、巍然耸立，是山中的伟丈夫；滋水县辖的白鹿原是典型的原，平实敦厚坦荡如砥，是大丈夫的胸襟；滋水县的滋川道刚柔相济，是自信自尊的女子。"

更令人欣喜的是那片也许曾经无比富饶的土地孕育出的优秀的并且极有可能或是已然不朽的作品：后人记录的《商君书》到"说难""孤愤"的《韩非子》，孙皓晖的《大秦帝国》到都梁的《血色浪漫》，堪称大成的路遥之《平凡的世界》，再有了陈忠实的《白鹿原》和"鬼才"贾平凹的《秦腔》……倒也与之表述的新旧交替相契得天衣无缝。

相比足以不朽的《平凡的世界》，《白鹿原》和《秦腔》确乎过于质朴了，甚至不乏"删除四千字"的尴尬。顺便提一句，未满十八岁的青少年请在监护人陪同下阅读《白鹿原》，《秦腔》最好也是如此——考虑到引生对白雪过于专注的痴情。

算是有保留地推荐吧？因为一位朋友曾经说过并不是所有人都会认同《平凡的世界》那种奋斗——谈不上成功但绝没有失败的奋斗，无所谓对与错，各家之言不同而已。

原谅之前或愤青或略有愠意的解释——诸君也可以称之为吐槽，行文无非是为了推荐最近看的这两本书——陈忠实之《白鹿原》和贾平凹之《秦腔》。北岛的《失败之书》略有些装的嫌疑，同时诗人的笔触总是难免死亡的悲伤，更何况书中的很多思路本人不甚赞同，如果单单是为了如诗的散文，读书终于是会显得缺乏深度，就不推荐了。

其实并未失约，甚至于早于9月17日很多就读完了陈老的大作——宏大而深沉的家族与惊涛骇浪的多次变革的交织。书中无论是对性的描写还是政治的理解都是尺度足够大的，因此我越发认为每天呼号"文学自由"的无聊文人多是无病呻吟。

文章行笔异常朴实，朴实到我这样自诩"读书人"差点又一次卡在100多页的"大关"上：充满真实的民俗，完全山化的语言，催人心动的村事……无一不是如此。

朴实的行文没有遮住反而烘托了饱满的故事：执拗的秉德老汉，尖刻的鹿家大叔，继承而发扬家族传统的子霖，冷眼观世事的乡村郎中，迷途甚远俄然间归返的黑娃，简单沉练的孝武，新时代催生的新女子白灵，终于无法越过色障的白孝文……

更少不了的是英明淡定的白嘉轩和"诸葛亮"朱先生——我没有记住他的名字，也不可能像楠哥一样知道灭绝的师哥叫方平，如果我没有记错的话。

如果说"洗尽铅华"不是一个褒义词，或许我会借用于自己对文字和道理的看法，无论如何白嘉轩的话是没错的，"话咱不会说，理儿是一样的"。

我想书中传达的也确乎应当是这种淡定的态度——"世事就俩字：福祸。俩字半边一样，半边不一样，就是说，俩字相互牵连着。就好比箩面的箩筐，咣当摇过去是福，咣当摇过来就是祸。所以说你么得明白，凡遇到好事的时光甭张狂，张狂过头了后边就有祸事；凡遇到祸事的时光也甭乱套，忍着受着，哪怕咬着牙也得忍着受着，忍过了受过了好事跟着就来了。你们日后经的世事多了就明白了。"——无论是从白嘉轩老爷子还是从朱先生那里都得到这样的启示。

生活中可以遇见的诱惑太多，甚至于可以说我们自己寻找的诱惑太多，一般还信誓旦旦地称之为梦想，于是堂而皇之地画地为牢，蹉跎进攀比或所谓"生活得更好"的囚笼中，迎合的只是广告心理学或所谓主流的专家。

生活中有些事情抓住了，可能不会平步青云，当然也不会天上掉馅饼，至少可以泰然处之，如那个时代的白嘉轩的"耕读传家"。

> "白日里孜孜以求的，在那堂皇的面纱后面，其实只是
> 一张鬼脸；所得的其实恰可以称之失；许多的笑纹其实是钓饵，
> 大量的话语是杂草。"
>
> ——刘心武《心里难过》

如果说陈老的《白鹿原》还稍有含蓄和腼腆的朴实，"鬼才"的《秦腔》则足以称得上对这种朴实的光明磊落。太直白了，直白到不得不查字典证明自己对于那个少儿不宜的"踦"字的猜测。

文章的铺陈很广，圈子却始终在清风街，在棣花镇，在农民和土地相剥离的界面——农村：从农村走向省城的"成功者"夏风，疯子张引生，"愚公移山"的夏天义，改革的先行者夏君亭……清风街的抢油，乡政府的被围攻……当然也包括不得不让位于外乡人陈星的"谁能与我同醉，相知年年岁岁"的流行歌的《秦腔》。

从心底真实地敬仰这种古老的文化，更发自内心地希望它可以重新绽放夺目的光芒，从听见《血色浪漫》中的歌声开始，尽管戏曲和歌声有着本质的区别，但是与"天下黄河唯富一套"催生出的辛酸是没有差别的，都那般的令人动容和怀旧。

只有能将特定的文化和特殊的风情向缤纷繁华的世界展现才有机会不朽：舒庆春如此，陈忠实如此，路遥如此，贾平凹如此，当然也包括先行的林语堂和后起的莫言。

宽广的土地孕育的是宽广的思想和胸怀以及宏大的文化——因此中

国的作品事实上一般不适于电影，更适合于电视剧。

此言略显突兀，但并不突然，因为中国的作品往往也是宏大的。所谓卷帙浩繁，所谓鸿篇巨制，所谓汗牛充栋，并不只是吓唬人的所谓而已。

于是我们有许多足以称之为经典的电视剧，近如《李卫当官》，如《亮剑》；远如《西游记》，如《新白娘子传奇》；无意冒犯，即便有华仔倾情巨制，《狄仁杰》的电影对比于梁冠华、张子健的四部《神探狄仁杰》还是相形见绌。

试想，如若借鉴《倚天屠龙记》的经验，《水浒》拍成电影应该至少有108部吧？还不算像林冲这样形象饱满的，怎么着也需要有《威震京师》、《落草辉煌》、《末日悲歌》等……

电影《白鹿原》中白鹿两家人都被缩减得编制不齐也就不难理解了。

何尝不希望电影这样一种更加主流的文化模式为新中国的文化和精神文明建设添砖加瓦，但是这将是很长的路，首先要解决的是素材。与此同时，已经足够优秀的电视剧更应该是保持并且从传统作品中大有作为地挖掘和发扬。

晚安，家乡！

2012 年 10 月 5 日

所谓悬疑推理，无非是真相，更重是人性

——推荐东野圭吾《白夜行》和钱雁秋《神探狄仁杰》

看完了东野圭吾的《白夜行》有点懵。

"事后，他们两人如何协调约定不得而知。笹垣推测，多半没有协调约定这回事，他们只是想保护自己的灵魂。结果，雪穗从不以真面目示人，亮司则至今仍在黑暗的通风管中徘徊。"

脑中一直是这句话，没觉得掷地有声，却就是挥之不去。

没有重新去读，一般而言，悬疑或者说推理类的小说很少重读，个人认为也没有什么好值得读第二遍的，除了极少数的例外。

于是又读了一点和看了一点钱雁秋的《神探狄仁杰》，每个故事的结尾部分。

或者关于某些未可知的回忆，或者只是因为精彩。

好像是楠哥推荐我看的电视剧，或者是我推荐给的楠哥，不重要了，因为更多就是相互推荐。

8月31日开始看《白夜行》的时候就一直试图用狄公的逻辑思考，

比如看看哪里"最不合乎逻辑的往往最合乎逻辑",比如一些重要的场景会努力思索看看到底有没有什么破绽,比如"从来没有真正的巧合,看似巧合的东西往往都有其必然的联系"……

不能说完全没有所得,更多的是失败和徒劳。

场景不同,故事不同,文化不同,关键在于作者展示的思路不同。于是一切都是徒劳的,或者由于自己不能看到全景没有确凿的证据,更多时候《白夜行》的真相慢慢跃然纸上,完全不用什么推理。

这一类的小说很吸引人,所谓系列也很多,中国的不胜枚举,外国同样不乏经典,阿加莎·克里斯蒂、柯南·道尔,包括《白夜行》的作者东野圭吾都是此中高手,甚至高罗佩还写了《大唐狄公案》。

大部分都很精彩,除了我们不知道的。因为很难不精彩,人都有猎奇的心态,其实无论怎么样装潢或者被诋毁,猎奇就是对真相的追求。

有了这一点,一切的悬疑和推理就都简单了,这玩意毕竟不比科幻,总还是要说服人的,不能说现场的造成是因为十万八千里之外的某某武林高人发了一个波。

所有的真相必然都在现场,无论是真的活的,假的活的,假的死的还是真的死的,嫌疑人就在那里,概莫能外。

精彩也就相应地等于令人惊叫的意外加上抽丝剥茧的逻辑。

这两本书都有,东野圭吾借用了时间的蒙太奇,用笹垣也包括死去的今枝以及只是凭借直觉的一成从对雪穗的怀疑开始,所谓的推理更多是寻找证据证明他们也包括我们自己的猜测的过程。

有点像股票期货左侧交易成功后的感觉,每一步正确都会像给他们也给我们打一针肾上腺素,兴奋难于言表。也正是因此,推理小说一般都会看得很快,书如此,电视剧也是如此,钱先生的《神探狄仁杰》也概莫能外，比如蛇灵、比如蓝衫记、比如黑衣天王、也比如漕渠魅影。不同的是东野圭吾更喜欢蒙太奇，而钱先生则给了狄阁老充分的展示空间，包括对军士的口音、靴子，包括元芳的反常，包括大案中的小案，更包括狄怀英的兵不厌诈（典型的如《关河疑影》）。

因为一切的吸引说穿了无非关乎真相。

如果只是精彩，这里可以戛然而止了，之所以推荐这两本书，除了它们在真相方面的精彩（比如《白夜行》）和面面俱到（更多是《神探狄仁杰》），更多是他们有着超乎其外的东西，尤其是人性，因为真相至多只是吸引，只有人性才真正关乎感动。

或者也就是因为文章开头的那句话吧？国外的小说并不完全讲究追求完美的结局，至少不像国内的这样。所以桐原死了，死在了19年前那把剪刀下，但是雪穗却没有回头，一句句冷冰冰的"由店长负责"让笹垣所有的努力变成泡影（枪虾和虾虎鱼的比喻让他很自然并且相对容易地从别人的茫然中脱颖而出，但是他没有料到这种共生甚至可以用死来维系，所以一切戛然而止了——私人的一点判断）。很难去责怪亮司，因为从推理上（也确实没有直接的证据），他只是在貌似充满阳光的夜里行走，为了赎罪，从逻辑讲，罪的反面的东西我们好像无法反驳。

也不好去责怪雪穗。

用狄阁老的话说，"其情可原，其行可悯"，至少某种意义上是这样的——退一万步讲，即使东野圭吾表现的是某种特定空间和环境形成的扭曲的文化（却不能否认这是为数不少真实的黑暗的人性），钱雁秋先生表现的应该更符合我们的价值观：李青霞的忠烈贞洁、虎敬晖的忠勇体国、如燕的真假侄女、林永忠的"永忠难道不好吗？"……

狄公找到了真相，但真正的真相却不那么重要了，因为有更重要的东西，比如李唐神器（倒不是因为关陇集团真的血脉异于常人，至少从制度上讲武周算是倒退了）、比如血雨腥风的避免、更比如国家社稷和黎民百姓。

曾经，一位师长说读书什么的最重要的不在于读了多少，而在于一个"悟"字，深以为此言得之。

我相信，尽管有非常不错的细节描写（部分场面建议分级观看），尽管有精彩绝伦的悬疑推理，但东野圭吾《白夜行》和钱雁秋《神探狄仁杰》更多想说的应该是可能的丑恶的人性——如雪穗的"我的天空里没有太阳，总是黑夜，但并不暗，因为有东西代替了太阳。虽然没有太阳那么明亮，但对我来说已经足够。凭借着这份光，我便能把黑夜当成白天。我从来就没有太阳，所以不怕失去。"和必需的苍生的关怀——如狄公说的"'好生之德，洽于民心。'人之所以为人，乃因其懂得推己及人，善待旁人；神即公义仁慈，神乃爱人。"

也正因此，他们值得推荐，值得去读，值得去"悟"，因为所谓悬疑推理，无非是真相，更重是人性。

2014 年 9 月 6 日

注：《神探狄仁杰》我更推荐电视剧，看了好多遍，从小到大电视剧就一直是让一句或几句话风靡的最好媒介，比如元芳的"大人，我回来了"，比如狄阁老的"一个念头跃入我的脑海"、"我心中有一丝隐隐的不安"、"这件事从一开始就隐藏着一个巨大的阴谋"、"于是我得出这样一个结论"……直至最经典的"元芳，你怎么看？"

夸张的现实掩不住彩色的理想主义

——荐黄晓阳《二号首长》+《高手过招》

　　不知道应该说闲适还是忙碌，所幸总是又看了很多书，也很希望和大家有一定的分享：有的看似只针对特定的人群，比如周大新的《预警》，但是希望诸君都看一看，算是一本非常不错的保密宣传小说，有则改之无则加勉！有的窃以为有点言过其实，比如黄仁宇的《万历十五年》，那么多名家相捧，更可能的是我水平太低吧！有的与宣传并不相符，比如刘猛的《狼牙》，是非常不错的军旅小说，也很激发人，但是如果冲着特种兵三个字是会有点失望的！也有的，比如都梁的《亮剑》，大约需要看完他们一系列的著作才能有相对完整的感悟，否则纯粹管中窥豹，有些东西并不能完全贪图其美妙。

　　小说，源于生活高于生活，在现实的基础上略有夸张是可以理解的。

　　有人的地方就有江湖，何况是官场这种以人为主的江湖，至于其中的恶、其中的阴影，所有不见阳光的地方都会有官场本身的无可奈何，历史和社会的车轮终究会将这些倾轧粉碎，令其无处藏身。

> "天下皆知美之为美，斯恶已；皆知善之为善，斯不善
> 已。故有无相生，难易想成，长短相形，高下相倾，音声相和，
> 前后相随。是以圣人处无为之事，行不言之教，万物作焉而
> 不辞，生而不有，为而不恃，功成而弗居。夫唯不居，是以
> 不去。"
>
> ——老子《道德经》

文学作品亦是如此，极少有作品不是为了宣扬善，但是宣扬善的过程必定包含恶的定义，或者说任何恶的描写都是为了突出善，很简单的对比手法，看的人各取所需，至少是各有不同的理解而已。

回到黄晓阳的三本书，有的人说他是在哗众取宠，我相信任何一个码字儿的都会有这种毛病，黄晓阳先生估计也不能免俗，或者说我明显是无知地被哗的众，至少是被其中一部分哗了。

有人把三本书看成是一个系列，这个多半是不合适的，《高手过招》只是第二部中一个很小的部分的进一步的阐述，称为续集是很牵强的，更何况笔法、视角等皆尽有别。

书籍本身至少在三个方面是值得推荐的：探求真实的写作笔法、礼仪大局的形象描写、五彩斑斓的理想主义。

比之喧嚣于网络之上的所谓对号入座的真实——各种江的换名、各种水的臆测、各种地名的还原、加上省份等地名的联系、更有甚者之于人物的猜测……不一而足——我更相信这仅仅是一种夺人眼球的春秋笔法，很明显作者达到了目的，网络上漫天的猜测就是明证。无意于去反

驳网友求知探索的精神，相反这种精神是十分令人动容的——小说毕竟有着源于生活的必然性，但更多的是高于生活的升华，相信这一点才是作者更想表达的。褪去赤裸裸的权力交换、权力平衡、权力变现等常人只能远望的臆测，作者能将自己的理想、自己的寄托、自己的期盼用令人臆测的手法表现得淋漓尽致，这本身就需要十分深厚的文学功底。私下以为这种似幻似真的春秋笔法与其说是作者隐晦的表达，比方网友猜测的某某省某某人，还不如坦荡荡地将其理解为作者拉近与读者距离的一种手段。就好比金庸先生在《倚天屠龙记》中说的那句（按：《明史·常遇春传》："（常遇春）暴疾卒，年仅四十。"），或者说黄昏时间看着《寂静岭》突然间听见一句"Darkness is coming！"的台词——玄幻点可以说是通灵，文学点可以称通感，没有被归纳的修辞手法而已——值得学习的探求真实的写作手法。

　　如果说以上的仁者见仁还有些一家之言的话，文中无数关于官场细节的描写则确乎是对新入者切切实实的帮助了：没有人生来就知道作为与领导过往神秘的下属如秘书这种特殊的职业如何称呼自己的上司，没有人生来就知道开会、对谈、演讲、台上、台下、吃饭等的席卡的摆放方法，至于双主位单数空桌的特例则更是少见，没有人生来就知道原来领导下车时小轿车和考斯特还有那么多的讲究，没有人生来就知道一些非常隐晦的官场语言究竟有着怎样深刻的含义……多少有点流俗，但是没有办法，如果想改变环境首先要融入它，《李卫当官》中的扬州盐案就是最好的例子。更何况任何制度都有合理的基础，执行力的偏差不能简单概括成制度本身的问题，如果总是盲目地求变难免会坠入窠臼——"最大的危险并不是你眼前看到的，而是你还没看到的那些未知数，记住，要小心拐角的另一侧"。诚然，以上所述说得好听点儿是决定成败的细节，说得不好听点也可以叫鸡毛蒜皮——尽量注意，很多的错事必须要亲自犯的。相比之下，贯穿整部著作的权力平衡的理念则毫无疑问是大智慧了：范仲淹之所以成为范仲淹，很大程度上必须归结于王曾那一句醍醐灌顶的"夫执政者，恩欲归己，怨使谁归？"——是做圣人，还是做事？是想建设，还是在破坏？——相信这不仅仅是范文正公抓住主要矛盾的思考。只有将相和的权力平衡才能产生最有力的监督制约、最流畅的工作流程、最高效的运转机制。干巴巴的论道多数时候真的让人头疼欲裂，经过加工的形象说明当然会好得多，"诗歌合为时而著，文章合为事而作"，不正是文学作品最大的意义吗？

最难能可贵的在于赵德良和唐小舟长存的五彩斑斓的理想主义——"就算你整个心都是灰色的，只要有一点点彩色的角落，你的生命意义，就完全不一样。"——无论书中的描写是怎样为了迎合普通民众的隐晦，无论书中的"真实"是怎样的龌龊不堪，无论书中的无奈是怎样麻木得毫无担待——至少他们没有丧失最宝贵的五彩斑斓的理想主义：包括打破不合理的陈规的尝试、包括为国家和老百姓的努力、包括旧书新读的见解、包括对社会合理秩序的全力维护，为了心中的理想屈辱地被所有人认定为文弱的书生、为了心中的理想隐藏起所有的张扬、为了心中的理想斡旋地与对手一次又一次妥协、为了心中的理想勇敢地面对艰难连续雷霆出击、为了心中的理想大局地选择放弃痛打落水狗的复仇的快感、为了心中的理想坚韧地恪守着稳定高于一切的权力平衡……

面对恶，每个人都会有慷慨激昂的演讲，论及此道我甚至于不相信"天下兴亡，匹夫有责"的书生会比吃混合面、灌烧刀子、洗澡堂子、逛暗门子的"文三儿"们做得更出色，但效果都是一样的，于事无补——拉黄包车的麻木的吹嘘固然没有什么十足可以称道的亮点，书生气的君子们圣徒般的嘴脸也不是什么特别值得宣传的素材。

真正的英雄会为了理想默默地努力、不懈地坚持、甚至于屈辱地承受，哪怕再夸张的现实也掩不住他们奋力终生的、沉埋心中的、彩色的理想主义。

2012 年 12 月 19 日

泣血的银幕

——荐余华

第一次这样推荐一个人的作品，我当然不可能读过余华所有的著作，近来确实读了一定数量：《活着》、《许三观卖血记》、《兄弟》……

余华的作品并无出彩的笔触，至少我没有感受或认同到，因此少有能写入读书笔记的句段，但他的作品整篇引人入胜、催人泪下、发人深省。

他的文字总是在娓娓道来地讲故事，作者仿佛亲身在故事中，细看却无法追寻甚至琢磨他的影子。

总是淡淡的文字，总是平凡的笔触，总是活现的故事：小村，小城，大城，在淡淡的文字中透出红土色淡淡的忧伤。

他很少用"突然"、"一瞬间"等转折用语，这样的转折却不经意甚至无时无刻不出现在他的故事中，也许因为他的笔总是悬停在那特殊的时间跨度——从新中国成立前到改革开放初期——充满精神的狂热和命运的多变，充满欲念的浮躁和伦理的颠覆。欧美四百余年的沧海桑田只浓缩于我们不过五十年的云泥之变，小人物的际遇也就黯然入大环境的平凡，随着大环境的变被感受——被感同身受地放大。

只有他们，只有回到样本本身才能感受到那种转折、那种平凡中愈见奇绝的转折——不幸的是大部分都是泣血的悲剧：

地主的儿子福贵平淡地赌博中被告知一贫如洗，平淡地抓药中被抓丁走向战场，平淡地九死一生中丧母哑女，平淡地贫穷中儿子夭折，平淡地思念中女儿产后失血殒命，平淡地落寞中妻子中年病故，平淡地独行中女婿被压身亡，平淡地寄望中最后的外孙也含着豆子去了，只剩下福贵和田中叫福贵的老牛……

无赖的李光头和正直的宋钢平淡地在双亲喜结连理的幸福中母亲李兰大病不起不得不前往上海，父亲宋平凡的肩膀平淡地成了造反派棍棒下空荡荡的袖子，直至火车站血泊中的尸体，平淡地舔舐着大白兔的香甜的兄弟重逢因为林红终而反目，平淡地一代单传随着李光头在法庭上苦涩的胜利和宋钢林红无果的婚姻戛然而止……

农村青年许三观在平淡地为了流传的身体证明卖了血，平淡地沉寂在许玉兰的美貌中被人戴了绿帽子，平淡地忍耐中绿帽子的结晶打了方铁匠的儿子，平淡地心理失衡中走向摔断腿的林芬芳，平淡地屈辱中一家人食不果腹，平淡地等待儿子下乡中一乐生病生产队长来家应酬……为了生活用卖血的钱讨下老婆的许三观第二次，第三次，第四次，第五次……走向血头。

——生活的悲惨，似乎总在余华的笔下。

打动我的是悲伤，更是悲伤之后的坚韧，对于余华的作品相信任何读者都有身临其境的、不肤浅的、悲凉凄惨的感觉，却也不乏哪怕无可奈何的坚韧的感觉——在逆境中面对生活中难以忍受的一次次痛苦打击，像被野火烧灼的野草，顽强地重生，艰难地成长：福贵还活着——

直至风烛残年——没有因为亲人的离去而结束自己的生命，李光头和宋钢兄弟也还活着甚至包括他们永远活着的友情，许三观也还活着，同样也包括那些不是主角的小人物——拉宋平凡的陶青，"你会有好报"的小店老板娘苏妈……

他们或许没有所谓的资本体验鲜活的幸福，但他们同样也没有屈服于残酷的苦难，他们用自己的方式阐释着人生的酸甜苦辣，践行着"生不可选死不该选"的唯有硬着头皮活着挨炼，正如福贵所言"这辈子想起来也是很快就过来了，过得平平常常，我爹指望我光耀祖宗，他算是看错人了，我啊，就是这样的命。"

如果说都梁的作品是电视剧无与伦比的题材，余华的书就是为电影而生的——浓缩的年代、炽烈的情感、有限的空间、无限的留白——在泣血的银幕上镌刻引人入胜、催人泪下、发人深省的泣血的忧伤。

2013 年 5 月 13 日

无望的希望与无命的天命

——荐路遥《平凡的世界》

一直以来就希望写一部这样的书，路遥《平凡的世界》这样的，把中原农村的山水风情展现给五彩缤纷的世界，也把五彩缤纷的世界联结向面朝黄土背朝天的农民。终于还是没有，没有时间，没有精力，没有心绪，应该也不具备这样的能力。

好在有路遥——"一个优秀的作家"、"一个出色的政治家"、"一个气势磅礴的人"——他用下里巴人的笔触写出了又一个真实的黄土高原的农村世界，他用敏锐的洞察力凸显了农村的乡镇的县城的市委的以及省城的中央的博弈，他用犀利和磅礴的语言点评了农村的婚姻、农村的激情、五十岁的"更年期"、农民的爆发心理……

路遥的精细也在其中展露无遗，面对一本感同身受的巨著我没把持住看了两遍，还不算在学校时不完全地翻阅。除去一些可能是不排除我误解的"的、地、得"的用法几乎没有什么纰漏，包括标点符号（从某种意义上讲，《平凡的世界》标点符号的运用，尤其是省略号应用是令人叹为观止的）。我们甚至不需要专门去关注田润叶第一部送的红绸子在第三部中出现于孙少安校园的石碑上……

当然没有必要纠结于这些细节，更多的赞叹应该在于小说本身，在于寂静的思考，在于不懈的追求——天命与希望之间不懈地努力或者说是挣扎。

与陈忠实的《白鹿原》——又是一个没有看完的遗憾、格非的"江南三部曲"、都梁的《血色浪漫》以及贾平凹的很多小说一样，他们都面向乡土人情——《血色浪漫》中是一部分——面向最普通的劳动人民。仅仅这一点就足以令人动容。

是的，无论这个社会、这个世界、这个时代怎样在所谓的滚滚洪流中向前，享受这种荣耀的只是"时势"造就的英雄，而支撑这种洪流的土壤、车轮、细胞总是最普通的劳动人民。

不幸的是，正如作者在本书中评述的那样，在这个浮躁的氛围中"人们宁愿去关心一个蹩脚电影演员的吃喝拉撒和鸡毛蒜皮，而不愿了解一个普通人波涛汹涌的内心世界……"

无数辉煌就是在这样的浮躁中慢慢失去色彩：大周王朝庄重到难以执行的礼仪如是，两汉帝国繁华到比拼富贵的王侯如是，梦回大唐放浪到心理变态的公主如是……当然也包括难以接受外来文明的古埃及，建起了空中花园的古巴比伦，沉睡于斯巴达脚下的古希腊，付之一炬的古罗马……

前事不忘后事之师，我们需要的是更多的思考，更多的努力以及刘欢在《中国好声音》中期待的李行亮"安静的声音"。

"少平少安，平平安安"，老太太的话就是《平凡的世界》中两位主人公，或许还应该加上隐线中不断努力的田福军。

这样的取舍对不住我的良心，虽然没有像《水浒》一样明明确确地写出 108 位英雄，但路遥塑造的英雄应该远远不止这三位：将"权力"看作食粮的田福堂、撑起渔场的田海民、精能又不乏中庸的金俊武、能收拾烂摊子的金俊山、举家皆浊自己独清的金强、将学习进行到底的兰香、把爱留在青藏高原的金波，也包括不能突破心魔的张有智、及时调整的周文龙，甚至不能排除傻里傻气的田牛和为集体奔波一辈子的孙玉亭，他们都在用不懈的追求抗衡着贫穷的农村的天命——诚然有的不切实际如古板的典范海瑞，有的过于保守如"利不百，不变法；功不十，不易器"的甘龙，有的盲目如必定无成的王荆公……

但是他们都在努力着，像少安一样：他十三岁即辍学回家，甚至不用父母的逼迫；他稚嫩的肩膀同父亲撑起破败的窑洞，扛住弟弟妹妹的学业，甚至把整个第一生产队"事无巨细事必躬亲"地打理；他明确地分析着一切，用未经雕琢却力行沉淀的智慧忍住内心的泪水，送走自己心爱的人，用与自己结发妻子的相濡以沫诠释出农村质朴而伟大的爱情；他精能到拥有努力的奋斗和良好的成分却让田福堂不敢把他纳入村委会，敏锐的洞察力和出色闯劲将责任制的道路走在了最前方；他的热心和他的不懈让他从砖厂倒闭的困境中重新振作；他的努力、他的奋斗、他的热忱、他的不懈、他的砖厂、他的妻儿、他的家、甚至他困境时的蓬头垢面与满脸的眼屎……一切的一切都是他与天争命的明证，谈不上成功但绝没有失败。

但是他们都在努力着，像少平一样：他上学时吃着最便宜的"非洲"丙菜、战斗在学校革命的岁月却没有忘记不断地读书，也没有忘记青春萌芽的爱情；他"学成返乡"在艰苦的校舍中没有忘记对书本的渴望，也没有忘记大世界的梦想；他没有抛弃家庭，却对兄长的砖厂说了再见，走向茫茫的黄原城，用揽工酿造自己的生活之蜜；他没有像哥哥一样为了天命被迫自鄙于与市委书记女儿真挚的爱情。正如他洪水中逝去的爱人田晓霞所说的，"他现在倒很'热爱'自己的苦难。通过这一段血火般的洗礼，他相信，自己历经千辛万苦而酿造出的生活之蜜，肯定比轻而易举拿来的更有滋味——他自嘲地把自己的这种认识叫作'关于苦难的学说'"；他的书报、他的泪水、他的不屈、他的感情、他的清醒、他的思考、他的博爱、他的妹妹、他的晓霞、他的金秀、他的明明甚至于他脸上惊叹号似的伤疤……他也在与天争命，谈不上成功但绝没有失败。

他们真的谈不上成功，少安的农村暴发应该不足以抵去妻子的肺癌，少平煤矿的班长应该也会消亡在他受伤的眼睛中，大部分的城里人应该更不会认同甚至难以理解他们只是为了"做个普通人"的成绩。

但他们绝没有失败，甚至于像我与冰哥争辩的，很多人自此来讲已经是一种成功。

成功不仅仅是一种结果，也是一种过程，尤其是导数为正值的过程，正如少安也正如少平，偶尔奇异点的点缀只是使得这种成功的过程显得珍贵、显得悲壮、显得深刻……

生活中就是有这样许许多多的人，许许多多的努力，许许多多的成功，也许难入方家法眼，也许真的默默无闻，也许甚至于饱受鄙夷，但他们的努力一样应当受到尊重、得到讴歌——当然更多时候他们根本就不在乎这种无济于事的尊重和讴歌——因为他们用自己的努力追逐着无望的希望，用自己的不屈抗争着无命的天命。

对于他们来讲永远没有失败，有的只是成功过程的享受，有的只是他们也许不懈、别人也许不懂的值得祝福的幸福。

"路遥获得了这个世界里数以亿计的普通人的尊敬和崇拜，他沟通了这个世界的人们和地球人类的感情。"

一位知音对路遥《平凡的世界》的评价，他叫陈忠实，我想自己会在《白鹿原》上映时读完它。

2012 年 9 月 5 日

优秀的和即将优秀的荧屏

——荐"都梁三部曲"

"都梁三部曲"并不像格非的"江南三部曲",其实并无十分缜密的科学推理——年代上不分明显的先后,家族上难称血脉相连,思想上的跨度也过于明显。

他就是那种寥寥数言亦可妙笔生花的主儿,强烈带有地方色彩的语言带上浓重的时代烙印,漫长的时间的跨度点缀血肉鲜明的人物,聚精会神的视野却分布于生活的各个角落。

说了这么多还没有说名字,真是抱歉,三部曲是网店中的合集——促销而已,《狼烟北平》、《亮剑》、《血色浪漫》,交集式的覆盖,也算是为张益康先生的素数间隔下限的一种应景吧?——开个小玩笑!

都梁的作品总带有强烈的地域语言色彩:北京城大院儿的顽主们地道的痞子味儿北京腔如此,茶馆和酒保的京腔同样最大限度地引起着读者的共鸣,更遑论李云龙那揶揄孔捷不是读书人的评书式歇后语⋯⋯

——或者更准确地说,他的书点燃了我关于北京的全部回忆,激起了自己对家乡的无限思念，引爆了自己对陕北革命老区的孜孜向往。

私以为看都梁的书最好拥有发达的通感细胞，尤其是对山水全方位的通感：顽主的京片儿激荡起砖的烟尘，高级黑的歇后语呈现从大别山到晋西北的山水变幻、沟壑纵横，而信天游则只属于那片孕育新中国的根据地，那片干硬的黄土到血色嫣红的革命老区。

"这么近那么远"，永远留存在记忆中，却似乎又仅仅属于某个或许称不上光辉灿烂但足以独一无二的瞬间：老北京的语言总是 20 世纪 50~70 年代最有味儿，揶揄文化的歇后语多少不再适合所谓的现代文明，而陕北的信天游也只在"天下黄河唯富一套"的最后岁月中方能绽放最悲凉的黎明前的浓酽。

都梁的作品并不是很好的电影题材，至少我很难想象——他的书会被搬上区区两个小时左右的电影屏幕。

之于电视剧，都梁绝对是无与伦比的，事实上最先的接触时我并不知道都梁任何的书，甚至也浅薄得不知道都梁其人。最先的接触是那个十一寂寞的长假，是清晨空空如也的红星二锅头瓶子，是电脑中吱吱流淌的读盘声——在那个十一的假期我通宵了，一口气看完了李幼斌的"李云龙"，之后自己也一口一个"老子"，与看完《李卫当官》"丫丫个呸的"如出一辙。《血色浪漫》也是如此，不同的只是磁盘变成了硬盘，东半球祖国的清晨变成了西半球异国他乡的黄昏，粮香浓郁的红星二锅头变成了口味并不馥郁的 alsace；我相信有一天《狼烟北平》也会如此……

李幼斌、张光北、刘烨的演绎固然十分精彩，其实看过书之后会发现一切都是相互的，好演员和好剧本总是相辅相成，很难说到底是谁成就了谁：可以说他们演绎得出色，也可以说是得益于都梁，李幼斌可以成为现实成性、义气成性、无赖成性、亮剑成性乃至战场抗命成性的李云龙；得益于都梁，何政军可以成为抗大的高才生、战场的狙击手、和工农李云龙同志"尿到一壶里"的知识分子；得益于都梁，刘烨可以成为拍婆子的顽主、讨饭的知青、丛林的特战指挥官、自得其乐的煎饼托拉斯梦想者……

张大彪、和尚、楚云飞、宁伟、吴满囤……想在短短两小时的电影中体现出都梁先生笔下不经意的时间跨度和数以百计的生动人物，简直就是在开玩笑。

都梁的作品没有什么局限性，至少"三部曲"没有，他聚精会神地伸向每一种他力图表现的精神，又漫无边际地伸向每一个他力求圈构的人物——主角的或者分不清是不是主角的。

于是有了"两个剑客碰到一起，狭路相逢勇者胜，就算对方是天下第一的剑客，你也要敢于亮剑，比的不是生死，而是你亮剑的勇气，你勇往无畏的精神"的李云龙，有了为了胜利不顾一切的李云龙，有了"我就是蚊子也要叮出他一管血"的李云龙……

于是有了"不懂得什么抗日之类的大义"、"做了许多我们看来愚昧无知的事"、"别人一次次利用他的无知"、"只有自己的对错评判标准，可做的事却有大义，叫人啼笑皆非"、两个老资格特工最后还要他逗快乐的文三儿……

有了"喜欢一种随心所欲的生活方式，只要有刺激，有新鲜感，他就会有激情有创造力"的钟跃民，有了"无论做什么都很入戏，只忠于自己的感受，根本不考虑别人的想法，无论是到陕北那破穷山沟里面插队还是到部队当兵，无论是选择卖煎饼还是开出租车，无论是当大公司的经理还是当小饭馆的老板，他都玩得兴致勃勃"的钟跃民，有了"他绝非池中之物"、"他还在路上"的钟跃民……

每个人都带着作者力图体现的精神，每个人都生活在作者力图鲜活的圈构中。

　　简短地结束吧？画人之椽笔，叙事之鸿篇——都梁三部曲——奇文共欣赏，疑义相与析。

2013 年 4 月 22 日

共产党人的良心和理想

——荐张平《国家干部》

"共产党的红头文件里，共产党的章程里，正儿八经需要的就是夏中民这样的干部。"

语出齐晓昶，是《国家干部》中反派阵营的小丑和急先锋。能说出这样的话，说明他内心深处并没有完全泯灭良知；能说出这样的话，说明他思想底部还有最基本的是非观念。但一切都是那样的苍白，最终良知和是非还是湮没在权力欲望的游戏场中——很可惜，齐晓昶的这番话没有出现在他反思的独白中，而是出现在对兢兢业业却不得提升最终惨死在车轨上的马主任的教导中。

《二号首长》之后最近看了些官场的书……细想来值得推荐的还是《国家干部》，哪怕是《苍黄》与之相比也不例外。

先说说作者吧？因为作者比书更值得称道：《国家干部》，作者张平，套近乎地说一句是山西老乡，作品《抉择》获得第五届茅盾文学奖。《文艺报》上翟泰丰曾经对张平先生有过非常高地评价："张平近年来，一直遵从自己的崇高诺言'至生至死为人民创作';他的每一部长篇,都可见他与最底层的人民群众溶入一个共同的神灵,同浸苦水,同忍悲怆,同享欣喜,同度欢乐,同执一笔,书写时代最响亮的诗篇。他的每一部长篇,都在为人民呐喊。他的每一部长篇,都在赞美百姓称道的人民公仆。"

私以为这正是张平先生得以成功的关键,说百姓想说的话,告诉百姓有理由知道的事情,尽管张平先生1986年加入民盟,他却用其如椽之笔不停地书写着共产党人的良心和理想,传承着"山药蛋派""人民作家"的风骨和精神。

《抉择》如此,《国家干部》亦如此。

我们党其实一直在提倡群众路线,很多优秀的作品(这样的学习更加深刻,就像马克思评价狄更斯和莎士比亚的作品一样)都值得读一读,《国家干部》尤其如此,我确信本小说就是官场小说,但是张平先生的话我是赞同的,他说:"需要说明的是,《国家干部》并不是一部官场小说,因为它描写的不是官场,而是干群关系。"

百度百科的评价算是非常中肯的,尤其是关于真实的探讨,《国家干部》确乎比不上《沧浪之水》、《梅次故事》、《朝夕之间》等小说,作者有作者自己的理想,有作者自身的思维定式,我们也就很难强求他跳出"清官模式",而且本身这也是一种荒诞至极的要求,传递正能量又有什么错呢?——小说嘛!向来是来源于生活高于生活的,作者只是更多地走向了后者。

小说长达70余万字,纠结地描述嶂江党代会、人代会前十多天中夏中民的"升迁"和"放逐"的故事以及强大的反派阵营为私利所做的不齿勾当——紧凑、精彩。

"好看和真实"，也许作者的评价多少可能加些王婆卖瓜的自我推销，但是"语言和结构都不是很雕琢，没有给阅读设置什么障碍"确是不争的事实，任何一个有良心的人都很容易产生共鸣。

从实际而言，说《国家干部》完全的不真实性也是非常不负责任的，书中用武二的视角真实地放大了宗法势力的可怕，真实地揭露了干群关系的僵化，真实地正视了正义的程序在地方势力手中的变形，真实地记录了齐晓昶对马主任无耻地教导，真实地呐喊了夏中民"领导说了都不算，老百姓说了也不算，那究竟是谁说了算？"的质疑……

当然他真实体现投机钻营和不择手段的恶，也确实一定程度上夸张了忠诚信仰和舍己为人的善，为了完美地演绎善与恶的斗争，为了主角不屈的正能量，更为了共产党人的良心和理想。

在既得利益群体和关系网络，一次又一次以组织的名义，用所谓正义的程序，打击着敢于挑战宗法势力王国的斗士夏中民时，我们确乎看到了夏中民所拥有的贝吉塔、超级赛亚人般的能量，看到了夏中民所秉承的焦裕禄、孔繁森一样的无私，也看到了最后数十万百姓的正义的力量……

我理解作者对时代性的真实，任何一个社会都背负着沉淀千年的文化。尽管我们不停地在向前走，甚至于我们每天都在批判，但是数千年的历史尤其是封建历史始终在我们的生活中，我们在努力地挣脱，但是丝毫不受影响是不可能的，否则就很难想象新闻中有那么多无奈的百姓重复演绎着向县领导下跪求情的悲哀。

我同样理解甚至期望作者理想化的夸张，我们周围本来有太多的理想，更多的是对于社会的适应，所以大部分的理想都没有了，留下的多是成功之后反推的"理想"。张平先生却用自己的笔墨继续着他可贵的理想，"用作家的心写人民之情，笔头上闪现着他们灵魂的光彩，墨迹里记述着他们心坎上的苦衷，笔杆上滴洒着他们流泪心灵的泪水，笔墨里也留下了他们的欢乐。"——我很为《国家干部》中的老百姓而感动，山村中的农人、城市边的无奈、砂石厂的农民工。

突然想起琛哥分享的王沪宁先生的《敢于做理想主义者》，是王先生写给复旦大学杨福家校长《追求卓越——QUEST FOR EXCELLENCE》一书的。私以为对于共产党人来说，我们应该有理想——理想主义的理想——关于国家的和百姓的理想主义的理想，一如王先生所说的"毫不迟疑的信念和绝无虚妄的豪情"。

在我们的生活中也常会有齐晓昶那样的"良师"的"谆谆教诲"，"在这些相反的因素的撞击下，要做一名理想主义者并非易事，而是一件需要有莫大的勇气的事情"。因此我们更需要有理想，有理想主义的良心和理想。

2013 年 7 月 28 日

不一样的作者和一样的作者

——推荐格非"江南三部曲":《人面桃花》《山河入梦》与《春尽江南》

有很多蛮值得推荐的书,从文字和可读性来讲,我想最近应该推荐格非先生的力作"江南三部曲"——《人面桃花》《山河入梦》与《春尽江南》。文笔细腻又具有时代风格,思想深刻又不乏发展烙印,语言简练又体现人物特性。

刚开始看这本书的原因有很多,一方面确实想看小说;另一方面要来南方工作,应该了解一些江南的东西(这一点真的很有收获,格非先生的"江南三部曲"个人认为与陈忠实的《白鹿原》在描写生活和精神状态层面堪称南北双璧,甚至于可以媲美路遥《平凡的世界》);第三方面就是豆瓣的高评分和当当的折扣加优惠!

不得不说遑论推荐,哪怕是写一篇读后感一样的东西都有点困难。倒不是因为写法的问题,也不是因为看过有一段时间记忆已经开始模糊;而是可以写的实在太多,难以取舍。还是从作者开始吧?因为读完书说得最多的除了书名估计应该是作者的名讳。

其实并不了解"江南三部曲"的作者，或者说并不了解书外的作者。我更加关心的是他在书中展现的东西。从这一点上，格非先生真的令我非常钦佩。

单从语言上来看《人面桃花》《山河入梦》与《春尽江南》似乎并不是一个作者，因为语言跨度很广，每一本都有着浓厚的语言时代感。

晚清和民国初期的《人面桃花》中有着不少质量上乘的古文，一如丁树则给孙有雪的墓志铭——"奇节圣行，殊途而同归。奉亲有竹竿之美，宜家备桃夭之德；空山闾其少人，艳骨嘿其无言；铭潜德于幽壤，庶万代而不彰。"——骈散结合，读来朗朗上口，这是一篇写给青楼女子（如果算是青楼）的墓志铭，文化人的强大莫过于此吧？相信也是文过饰非的另外一种解释。

建国初期的《山河入梦》中则是出现大量的革命语言和颇具时代特色的民间弹唱，一如斯大林先生的"农民有了钱，不去修犁头，却去买留声机，就会资产阶级化"；也一如瞎子弹唱的陆秀米的故事"见过你罗裳金簪，日月高华／见过你豆蔻二八俊模样／见过你白马高船走东洋／见过你宴宾客，见过你办学堂……"

如果说前两部还是一种特定的时代，《春尽江南》真的可以称为一段时期的发展，当然能够听见"竹篁清绝，人迹罕至"这样残余的韵脚，也可以看见"他们的牺牲强化了幸存者的有运气，他们的倒霉和痛苦成了头胜者的谈资，而牺牲者只有耻辱……"这种诗人固有的深沉——私以为有一段时代可以称为这样诗人的年代，也不乏冯延鹤"七月流火，不外乎农夫之辞；三星在户，无非是妇人之语；月离于毕，不过是戍卒之作；龙尾伏辰，自然就是儿童之谣了"的复古体会。

又可以说：三本书展示的是一个活生生的完整的作者，格非先生用自己贯通古今的语言写作的同时，展示的却是"形散神不散"的节奏感和中心感，尽管语言一直有着时代的特征，景物的描写也使人不时有"通感"的错觉，但行文的笔法却从未改变，特征的语言不时出现，彼此的衔接若合符节，线索的追踪万化归一。

总体来说，格非先生使用的是一种非常新式的叙事手法（当然很久没有看什么小说我有落伍的可能），不是原来简单的插叙和倒叙等，而是按照蒙太奇的手法进行的组合，一种合乎读者思维方式的组合，打一个比较恰当的比方，当很长一段时间不明白《春尽江南》中的庞家玉为什么给自己的鱼儿起一个潜水艇一样的名字时，我看见了翟永明《潜水艇的悲伤》。这样的例子不胜枚举，很有电影《贫民窟的百万富翁》的感觉，只是更加自然而且更加合理。

特征的语言更是如此，自然地出现在每一部书中，正像一种无声的标记，比方说"有人漏夜赶科场，有人风雪还故乡"，比方说对陆侃，对谭功达，对郭从年，对王元庆关于世外桃源的描写。

彼此的衔接更多是三代人的关系，从陆秀米的"禁语"到谭功达的视察，从谭功达的入狱到谭端午在寺中（如果我没有记错的话）美丽的邂逅，作者秉承了一贯的风格，首先是一部新的武侠小说一样的开局，又在合适的时间让人核实可以猜测的合理的结果；当然另外一种衔接就是这种特殊的叙事手法的衔接，我真的好像只能推荐却无言评论了。

所谓线索，除了陆秀米的"禁语"与张金芳和庞家玉的"禁语游戏"，我更加推荐三代人对于桃源世界的努力，或者说不只三代人，他们彼此并不相识："先旷然以天地为栋宇，阖然合至道之前，出群行之表，入元寂之幽；犯寒暑不以伤其性，居旷野不以苦其形，遣惊急不以迫其虑，离荣忧不以累其心，捐视听不以治其耳目。羲皇以来，一人而已"的焦先只能从墓志铭上看见；亲手创建了花家舍的王观澄甚至只能看见他血肉模糊的脖子；同时代的还有疯了的（或者说被人当作疯子）的陆侃出家奔走最后不知所踪，对自己的家人来说不知所踪；谭功达进入了监狱（或者是死了？）；姑且郭从年的花家舍应该算是一种安慰吧？我并不确定这也是其他人想要的，尤其是对姚谭之事的做法；王元庆则轮回到了陆侃的状态，不同的只是从他给端午的信中还能看出他的思维，貌似疯癫却又经常语出惊人，近乎《越狱》中 Charles Patoshik 看出 Michael Scofield 宏图伟略的神奇。

当然，三部一起读确实很长，如果推荐一部，相信应该是最近的《春尽江南》，一则语言更加简练，超级简单的白话文；很多诗人和"疯子"的话十分富有哲理，耐人寻味，是提高风格的好武器；二则书中所写从20世纪80年代至今很多真实存在的社会现象，很容易找到身临其境的感觉。排名第二的应该是《人面桃花》吧？乡土景物尤其是花的描写非常传神，也非常真实——"春天有海棠、梅花、芍药、紫苏和蔷薇；夏天则是芙蓉、蜀葵、石榴；秋天是素馨、木樨、兰蕙和凤仙；冬天则有拉美和水仙"——很美的景象。

有点困了，写得很乱，管中窥豹，难见一斑，但非常推荐，三部俱佳。

2012 年 7 月 9 日

"神即道，道法自然，如来。"

——荐豆豆《遥远的救世主》

《遥远的救世主》是一本非常不错的书，看完有一段时间了，根据它改编的电视剧《天道》也在看，同样很推荐。

几乎没有什么理由不把这句话作为标题，"神即道，道法自然，如来。"

于书它是中心，于社会百态它贯穿了几个宗教，于猎奇心态，看起来是足够玄了。

《遥远的救世主》很容易让人想起鬼才贾平凹很有名的那篇《孤独地走向未来》，尤其当我读到"韩楚风没有回答，脑海里却想着尼采的一句话：更高级的哲人独处着，这并不是因为他想孤独，而是因为在他周围找不到他的同类。"——可以十分肯定地说，书中一部分内容某种意义上就是鬼才一片纸幻化的人事沉浮。

如果真的如此，我更愿意推荐鬼才那简洁的一片纸，推荐那句画龙点睛的"圣贤庸行，大人小心"，但豆豆的书除此之外值得推荐的理由还有很多：它真的没有什么废话，对人有细致入微又不着痕迹地描写，对道的思考和关于执着的演绎恰到好处，更有"文化属性"这个神一般的"发明"……

在现当代书中，除了极少数大家，很少看到这样精炼的表达，我甚至也不敢相信这样好的书当年是出在豆豆的笔下，但是我相信，总有天才嘛！

书涉猎的范围很广，广向普通的生活。

比如文学：虽然有很重的思考，书并没有进入枯燥的论文架构，本身可读性很强，关于文化属性等的定义不算云里雾里，至于"着相"或者"窄门"等宗教表述我不知道有或者没有，但是至少书中有清晰的阐释；"女人是形式逻辑的典范，是辩证逻辑的障碍"不乏真知灼见，也或多或少体现着炼句的不易；如丁元英的诗词就根本不是文学修养这么简单了。

再比如音乐：约摸可以肯定作者是发烧友或者有发烧好友，如果说刘冰只是附庸风雅，丁元英真人不露相，那冯世杰和叶晓明的评论确实称得上专业的水准；高潮当然是丁元英用《流浪者之歌》对穆特、弗雷德里曼和海菲兹的指点江山吧？音乐爱好者不容错过。

书也广向哲学。

首先是入世的智慧：很羡慕书中主人公这样的，如同现代版的王阳明（我甚至觉得，书中的"冷面诸葛"之所以叫王明阳，或许他的正面不就是……），可以淡然处世，可以参禅论道，可以商场博击，可以股市只浮不沉，可以撰写扶贫神话……他参了道，或者用书中的话叫"掌握了文化密码"，所以入世无往不利。

同样也包括纯粹的思考：关于道家，有丁元英的淡然，有芮小丹的以退为进，更有贯穿书本始终的恬静养性的生活态度和尊重自然的精神追求；关于基督，有王庙村的讲堂，更有芮小丹和王明阳以人生的意义、文化属性、宗教为线索的审问（或者我更愿意称之为交流）；关于佛家，有丁芮两位主角无处不在的对话，有肖亚文的评价，更有丁元英和韩楚风的五台问道；最少不了的还是让王明阳拜服不已的"神即道，道法自然，如来。"

书作为小说，对小说最核心的部分——人的刻画也恰到好处，秉承了第一个特点——没有太多废话，也没有什么缺失。

丁元英的沉默寡言和"语不惊人死不休"，包括他抽的烟、他喝的茶，当然还有他听的唱片；芮小丹的干净利落和自在真性，包括她抽烟戒烟、她买菜买玉，当然还有她刑警的枪；欧阳雪、韩楚风、肖亚文那种入世的出世的尊重、智慧和所得；冯世杰的大志向、叶晓明的小精明、当然也有刘冰的——不知道是什么，私以为，写小说最难的也正在于对烘托人物的描写，不能像议论打样横加挞伐，更不能喧宾夺主地带入太多警匪悬疑的色彩，又需要处处伏笔云泥鸿爪稍留痕迹，仅凭此《遥远的救世主》值得参考。

书一直在说"道"，说"天道"——如诸君所知，这个词也成了改编电视剧的名字，昨天看电视刚好看到芮小丹第二次去探访自己的父亲，双方讲《天国之恋》，如果说整本书给人的感觉有些远或者只知道很好，那一段关于"天"、关于"天国"、关于"天国的女儿"、关于"天国之恋"的讨论或许正是最好的纽带，一定不能错过。

什么是道，我不敢说，因为说不好，想想还是推荐诸君去看书吧！"道可道，非常道"，说没有所得是骗人的，但真正所得却真的说不好，可能是丁元英的淡然、可能是丁元英的执着、可能是书中各色人等的睿智。

是的，能炒股的人比比皆是，有点厚黑学敢冒风险或许也能判断如何争取总裁的位置，但是能与五台大师论道说禅，能让有信仰的罪犯开口，这样的道确实不是我一个荐书者三言两语说得清的，甚至于书本身也不一定讲得完全清楚。

因为未必丁先生就清楚，说他是为了芮小丹——这个天国恩赐给他的女儿而吐血可以，说是他在执着于自己的参悟而吐血也毫不为过。

他全部参对了，包括股票、权力、扶贫，当然也包括冯叶等人的短视、刘冰的必死，还有芮小丹的死。但他也逃不出道，王庙村的扶贫是本书超出《孤独地走向未来》那片纸的核心所在，是他带领弱势走向强势的核心，正如他说的"救世主是没有的，只有自己救自己。"王庙村的农民在救他们自己，书中的主角又何尝不是拯救自己于古城之中的枯禅？

若非如此，也就没有必要五台问道了，一个扶贫真的仅仅像司马穰苴说的"以战止战，虽战可也"那么简单吗？

算了，再深究，我也"着相"了——很喜欢这个词，为了这个词也值得去看看这本书。执着不同而已，或许就是道本身，书中不也说"最近看'文化属性'比较多"嘛！真知道了，又何必再看呢？

道，一直在参，可能有悟，却似乎终究未彻。

本是后山人，偶做前堂客。

醉舞经阁半卷书，坐井说天阔。

大志戏功名，海斗量祸福。

论到囊中羞涩时，怒指乾坤错。

书中主人公一首《自嘲》的卜算子，一个无奈的矛盾。

很难不羡慕书中的生活，平淡自然固然人人向往，至于能否鲜衣怒马、是否执着出人头地，个人见解不同而已，不妄言了。

很好的一本书，至少了解些宗教，知道"着相"和"窄门"；知道些努力的法则——"忍人所不忍，能人所不能"，"别把别人不当人了，别把自己太当人了"；明白些只有自己的努力才是自己的救世主。

至于丁先生所说的"强势"的"文化属性"，我基本还是没明白，看诸君的悟性了，加油……

2015 年 3 月 10 日

第 2 部

读史明智，阅传学人

LISTEN TO THE VOICE OF QUIET

"办事兼传教之人"

——荐《曾文正公家书》和唐浩明《曾国藩》

"愚于近人，独服曾文正。"

语出毛泽东，见 1917 年 8 月 23 日致黎锦熙信（收录于《毛泽东早期文稿》）。

"宋韩、范并称，清曾、左并称，然韩、左办事之人，范、曾办事兼传教之人也。"

看唐浩明的《曾国藩》是三个月之前的事情了，但是总是觉得少些什么，于是又试着看《曾文正公家书》和《冰鉴》，才觉饥渴之意稍解，悬疑之追始现。

推荐书更多的是因为曾文正公其人，也就是毛泽东谈论的主角——曾国藩。

他被称为晚清"第一名臣"，被推崇为"千古完人"、"官场楷模"，他挽清王朝大厦将倾之狂澜于既倒，他著述不倦、泽被后人，他修身、齐家、治国、平天下；他堂前尽孝，能使父母宽心，他堪为长者，教导弟弟、子孙、家族，纪泽、广均、约农、宝荪、宪植等的成功使得"富不过三代"的论断对他而言成为笑谈；他耕读不辍，推崇儒家学说，讲求经世致用，"道德文章冠冕一代"。

他的弟子李鸿章赞他"师事近三十年，薪尽火传，筑室忝为门生长；威名震九万里，内安外攘，旷世难逢天下才"；他的竞争者左宗棠评他"谋国之忠，知人之明，自愧不如元辅；同心若金，攻错若石，相期无负平生"；他的对手翼王石达开叹他"虽不以善战名，而能识拔贤将，规划精严，无间可寻，大帅如此，实起事以来所未见也"；即便自负"公允"的湘绮先生王闿运也说"用将则胜，自将则败"。

在我心中，无论他怎样毁誉参半，无论他怎样晚节不保，他无愧于一个成功的军事家，无愧于一个大局的政治家，无愧于一个求进的改革家，无愧于一个出色的教育家，必定是一个典范的读书人。

写文正公的书很多，多少都翻阅过一些，终究而言还是推荐唐浩明先生的《曾国藩》和李瀚章编纂成册、李鸿章校刊的《曾文正公家书》，前者表述其辉煌的一生，后者则是文正公自省强大的一生。

能有幸接触唐浩明先生的《曾国藩》要多感谢波哥（@王俞波）的推荐，全书分成三部：《血祭》，《野焚》，《黑雨》。基本的内容可以望文生义，用朴素的劳动人民的话说，第一部写他辛苦地练级，第二部写他风光地英雄，第三部写他无奈地落幕（好吧！我已经相当文明化了自己调皮的评论），用冰哥（@李冰＊中国）的话说，这是个寒门逆袭成功然后陨落的故事——汗颜啊！——装装下里巴人也不错的。

时间上看截取的是曾文正公勤苦建立湘军，平定洪杨之乱，然后江河日下，最终晚节难保的这段。

对故事的截取堪称上乘，叙事的真实基本保障，细节的把握恰到好处，文章的引用增彩不少。

整本书看了两遍，我很同意波哥的说法，"这本书在不同的时间看会有不同的体会和所得"，我倒是觉得应该还有些波哥没有说出来的，不同的境遇不同的心情去看皆是如此，于是对曾国藩产生了极其浓厚的兴趣，刚好那个时候下载了一个小软件叫懒人听书。

到最后也就听了那么几个，其中最多的是曾国藩和郭德纲。但是唐先生的书并没有写成传记，他只是截取了文正公生命中最重要也充满苦难、灿烂和故事的部分，除了插播的关于读书的不多的回忆，更多的是他丁忧在堂，他夺情起复，他创办团练，他忍辱负重，他借重满族，他屡战屡败，他屡战屡胜，他平定洪杨，他自减羽翼，他解散湘军，他六祁平捻，他津门汗颜……看历史多了越来越觉得其实写人的历史小说应当如此，就像熊召政的《张居正》，尽最大的努力截取最震荡人心的片段足以，实在没有必要像别的讲述那样，老是必须从小偷背《岳阳楼记》这样莫须有的笨小孩童话开始。

唐先生也正是基于这样的截取保证了史料的充分进而努力到故事的真实，我当然不是说书中的每一字每一句都经得起信史化的推敲，再真实的历史小说也是小说，为了情节只要没有过分，少许编排私以为是可以接受的。至少他没有神话曾国藩，也没有把起义的太平军妖魔化。他可能演绎了康福、康禄兄弟的光辉灿烂的悲剧，也真实了湘军之于财物不能免俗的抢掠；他可能夸大了文正公关于识人用人的眼光（实际上我真的去读了《冰鉴》，觉得这或许真的是一种难以捉摸的才能），也真实了曾国藩"自将则败"的迷信；他可能编排了曾国藩拒绝朋友下属"鼎之轻重，似可问焉"的真正原因，也真实了石达开、陈玉成等无比优秀的太平军将领，真实了那场漫长的只有立场和利益的战争。

　　把一个人有限的历史写入130万字的巨著，说先生对细节的把握有问题简直就是在开玩乐，对主角曾国藩的细节刻画可以到 "心底无私天地宽"地重用满人，可以到"乱世用重典"地"曾剃头"，可以到"物以稀为贵"地赏赐腰刀（当然后来被老九他们滥赏），可以到"有识、有度、有常"地教育和约束家人……需要承认我很喜欢包罗万象的著述，或者也可以说是乱七八糟——总之就是什么都有点儿。比如地理，比如景色，比如历史，比如文化，比如典故，总是期望能有《大秦帝国》那种厚重的感觉，可以轻易地使我们触类旁通不得已地扩展视野，扩展读书的心。正好唐先生对这些细节的把握恰好击中了我渴求的心，尤其是对于不是主角的人物，穆彰阿、官文、刘蓉、郭嵩焘、胡林翼、罗泽南、李鸿章、左宗棠、塔齐布、曾国荃、康福、康禄……当然也包括王闿运和湘绮先生口中"诗德自名家，更勋业灿然，长增画苑梅花价；楼船欲横海，叹英雄老矣，忍说江南血战功"（语出未读完的唐先生晚清三部曲之《杨度》，是否史实暂无考证）的彭刚直公……小说嘛，人的细节，尤其是非主角人物的细节个人认为是至关重要的。

　　而至于文化，则没有什么比引用更来得真切了，于是有了一种介于历史和小说之间的文体，有人称之为报告文学，我还是更愿意说他们是真实的小说。《曾国藩》一书中就有大量这样的引用，当然没有到报告文学所要求的那种地步，但足以真实，足以可信，足以无懈可击。更重要的是，像孙皓晖先生的《大秦帝国》之于诸子百家一样，唐浩明先生把《曾文正公家书》中的很多精华溶解——不，是融解——进了《曾国藩》这部小说中，自然而深刻，一如生命弥留之际教导兄弟和后辈的"一曰慎独则心安。二曰主敬则身强。三曰求仁则人悦。四曰习劳则神钦。"

说到《曾文正公家书》，更多的接触是在读了唐先生的巨著之后，凡三百余封书信，按照后世学者分成治家、修身、劝学、理财、济急、交友、用人、行军、旅行、杂务等十大类，是文正公"诸子百家，诗书礼仪，无所不包"的学习体会的精华，作为家书的教诲最大限度地放大了真情和真实，最大限度地减少了做作。推荐家书和家训的人太多了，实不敢班门弄斧，仅仅截取一些片段与诸君分享和共勉。

文正公说历练："居心平，然后可历世路之险。盘根错节，可以验我之才；波流风靡，可以验我之操；艰难险阻，可以验我之思；震撼折衡，可以验我之力；含垢忍辱，可以验我之操。"

文正公说大局："凡办大事，以识为主，以才为辅；凡成大事，人谋居半，天意居半。"

文正公说识人："多躁者必无沉毅之识，多畏者必无踔越之见，多欲者必无慷慨之节，多言者必无质实之心，多勇者必无文学之雅。"

文正公说淡定："事到手且莫急，便要缓缓想。想得时切莫缓，便要急急行。处天下事，只消得安详二字，兵贵神速，也须从此二字做出。然安详非迟缓之谓也，从容详审，养奋发于定之中耳。"

当然，这并不是全部，现代有云"从政要学曾国藩，经商要学胡雪岩"，盛琳还专门写了本书《左手挺经，右手冰鉴》，前者的忍耐可以于唐先生的《曾国藩》中可见一斑，而后者之于识人可以作为教材了……

能被领袖推崇的人物，《曾国藩》和《曾文正公家书》都很值得好好研读，每次研读、不同时间、不同地点、不同心绪、不同感受都会有不同的收获。

推荐的最后忽然想起文正公为自己但求"有志"、"有识"、"有恒"而制定的"修身十二款"——主敬、静坐、早起、读书不二、读史、谨言、养气、保身、日知其所亡、月无忘所能、作字、夜不出门——作为结语送与诸君共勉。

2013 年 6 月 16 日

察明时之利弊，醒万世之你我

——荐吴兢《贞观政要》

常会劝自己也建议朋友多读一些古书。一则语言越发展越白话（当然整体的过程或许失之东隅收之桑榆，必定是进步的），相比之下，文言文于形有对称之美，于音多平仄之韵；二则我虽然不同意韩寒"把一句人都能听懂的话写得鬼都看不懂"的一刀切言论，却的确喜欢古语的简练的明了，一如很喜欢的那句"食其时，百骸理；动其机，万化安"。

储备了很多，甚至包括如何种地的，因为时间的关系，看得却很慢，也确因年代久远，理解上有点难度吧？

三月初就想推荐吴兢的《贞观政要》，却因许多琐事耽搁了，另外自己也确实没有想好如何推荐，再看，还是头绪不多但又觉得很多。必然的，很好的书皆如是：初读时既如槐花馅的饺子，恨不得一口吞下；回味时又如壮年的刺猬，满脑线索不知从何说起。

曾经说过，如果看作史书我不喜欢《资治通鉴》，因为司马先生真的不是个很棒的史家。可能也正因如此，我很喜欢《贞观政要》，尽管它不是史书而至多只是一小段时代的记忆。

吴兢生于公元 670 年，那时的贞观朝才刚过去 21 年，即便是壮年担任史官时也与贞观朝相去不远，因此不会出现司马光年代越久远考证越清晰的神技；作为史官的吴兢可以接触到第一手资料，更以奋笔直书著称。《贞观政要》也如实地记录了李世民的一些过失和缺点，对太宗和魏征、马周等人的对答详致叙述，没有刻意地掩饰，甚至第六卷第二十四篇篇名就叫《悔过》。

唐王朝国祚延长与太宗朝的贞观之治是密不可分的，或许正是吴兢心中太宗最优秀的两点品质——清心寡欲、虚心纳谏——成就了大唐盛世。

《贞观政要》在第八卷第三十篇《务农》中言："凡事皆须务本。国以人为本，人以衣食为本，凡营衣食，以不失时为本。夫不失时者，在人君简静乃可致耳，若兵戈屡动，土木不息，而欲不夺农时，其可得乎？"对于现代政客哪怕是历朝历代的"太史公"们，这样的观点不是什么新意，甚至《商君书》早有论断，但相比之下太宗君臣作为执政者本身能有这种认识却着实难能可贵。

《贞观政要》凡十卷四十篇，八万余字，书本身并不长，非到万不得已不建议诸君看注释。私以为对于任何古书，如果可以都不要看注释，哪怕自己的理解有一定的出入——所谓"道可道，非常道"，与主流相比理解上的出入可能正是作者想要告知的菁华也未可知。

尽管是恪尽职守的史官，吴兢在《贞观政要》上的创新却是显而易见的，他糅合了先秦法家论政体的篇目编排又在每一章节中使用编年体的记叙方式，将贞观朝治国安民的政治见解和施政经验完美记录。书完成于开元、天宝年间，唐玄宗封禅泰山，唐王朝正值盛世，吴兢敏锐地感受到"日中则移"的危机，听到了"渔阳鼙鼓"的先音，本书的落成也正是希望总结贞观年间君臣相得的成功经验为唐王朝树立万世长存的执政标杆。

当然，吴兢为明皇及李唐皇族"辟四门，明四目，达四聪"的祈望并没有实现，当时的姚崇、宋璟已经为张说所替，同时替换的还有宰相权力的集中（当然完成此"伟业"的张说却没有机会消享这样的权力），还有"外示严重，内多险忌，谗邪者必受其福，忠正者莫保其生"的悲哀。

《贞观政要》流传了下来，不仅流传了下来，甚至远涉重洋在异国他乡的东瀛，在德川幕府发扬光大，山本七平有一本很火的《〈贞观政要〉的领导艺术》，基本而言就是引述、印证、重释、引申和应用《贞观政要》，在日本政界和商界都很受推崇。

《政要》涵盖的内容很多：为君为政、任贤纳谏、君臣关系、皇储封建、忠信仁义、生活准则、文学礼乐、农本刑赦、征伐安边，当然还有最重要的居安思危和善始善终。

正如山本七平所理解的，《政要》本身无疑是帝王学的，要求帝王修身养性不要"心暗则照有不通，至察则多疑於物"，虚心宽宏避免"懦弱之人，怀忠直而不能言；疏远之人，恐不信而不得言；怀禄之人，虑不便身而不敢言"，寡欲无好防止"上之所好，下必有甚，竞为无限，遂至灭亡"，关心民生保证"处台榭，则欲民有栋宇之安；食膏粱，则欲民无饥寒之患；顾嫔御，则欲民有室家之欢"，合理奖罚力求"赏当其劳，无功者自退；罚当其罪，为恶者戒惧"；科学发展不致"竭泽取鱼，非不得鱼，明年无鱼；焚林而畋，非不获兽，明年无兽"……

以上种种，《政要》所述的很多理念不仅适用于唐，也适用于历朝历代，当然包括时下当今，不仅是安邦治国的大策，也是各级机关、企业乃至各种组织架构可以参考的有效理论和实践。

举一个简单的例子，第三卷第六篇《君臣鉴戒》中言："或责小臣以大体，或责大臣以小事，小臣乘非所据，大臣失其所守，大臣或以小过获罪，小臣或以大体受罚。职非其位，罚非其辜，欲其无私，求其尽力，不亦难乎？"

私以为无论政界也好，企业也罢，都经常讲"责、权、利"相互匹配，悲哀的是经常讲的一般正是亟待改变却又无可奈何的，《政要》的分析就非常透彻而且话语本身也给出了解决的办法。

当然《贞观政要》凡四十篇，虽然针对帝王服务帝王，以求"克遵前轨，择善而从"、"本支百世，传祚无穷"，其意义却不仅仅局限于此：

《君道》之"兼听则明，偏听则暗"，《诚信》之"同言而信，信在言前；同令而行，行在令外"，《谦让》之"以能问于不能，以多问于寡"，《崇儒学》之"蜃性含水，待月光而水垂；木性怀火，待燧动而焰发；人性含灵，待学成而为美"，《慎终》之"非知之难，行之为难；非行之难，终之斯难"……这些对君王的劝谏值得任何一个人鉴戒和学习。

甚至在《俭约》中太宗皇帝还教导我们"人之读书，欲广闻而自益耳！"

幸甚至哉！

正在看《群书治要》，唐贞观时代有一种非常不错的读书习惯，应太宗的要求，唐百官对于前代精华著作摘录和批注，吴兢在《贞观政要》中就记录和采用了很多这样的对答和记述，《礼记》、《洪范》等名篇名言屡见不鲜。

吴兢不邀功因此也不避讳长篇的引用，正是得益于他的努力，大唐贞观很多宝贵的记录留存至今，《谏太宗十思疏》正是其中优秀的代表，当然也包括《说苑》、《封建》、《赞道赋》、《公平》、《大宝箴》、《刑法》……

太宗皇帝在第五卷第二十三篇《杜谗邪》中曾经自勉："一则鉴前代成败事，以为元龟；二则进用善人，共成政道；三则斥弃群小，不听谗言。吾能守之，终不转也。"

有理由相信，太宗的诺言以及书最后《慎终》与"终不转"的呼应正是《贞观政要》的书眼。

感谢吴兢先生的记录，感谢贞观君臣的大智与大治，《贞观政要》值得一读。

2014 年 4 月 16 日

度可度，度皙子师徒灿烂此生

——荐唐浩明《杨度》

旷代圣人才，试以逍遥通世法；

平生帝王学，只今颠沛愧师承。

这是杨皙子度写给师父王闿运先生的挽联，当然也有对自己辗转一生碌碌有为却终于一事无成的愧叹。

我一直认为书中的主线和主人公都是"贰"而不是"壹"——杨度和师父湘绮师；如果说《白鹿原》中的朱先生还是神龙见首不见尾的话，湘绮师的存在则完全是实实在在的，不再如《曾国藩》中的世外高人。

江湖中有太多父仇子报、师念徒承的例子，湘绮师教授皙子"以经学为基础，以史学为主干，以先秦诸子为枝，以汉魏诗文为叶"用来"辅非常之人、握非常之机、谋非常之策、建非常之功"，不正是希望实现自己的抱负——在文正公身上未竟的抱负吗？

　　皙子也确实是如师父期许的那样践行着，至少他努力了：他公车上过书，并因此而郁郁还乡；他曾想追随康南海，最终投奔湘绮师；他东洋留过学，用一首《湖南少年歌》和梁启超的《中国少年说》交相辉映；他考过经济特科，感受了哪怕只有八日的榜眼，努力过"从容取功名，由仕途出身，厕身廊庙，献大计以动九重"；他书写过五大臣周游列国而未果的宪政作业，尝试过以改良的方式挽晚清大厦于将倾既倒；他为粤汉铁路找过张之洞，为被阉割的宪政投奔过袁世凯，甚至为辛亥革命也出过力，努力过"出奇谋，书妙策……以布衣取卿相，由书生封公侯"；还有书中没有写到的投入青帮和秘密加入中国共产党……

　　总之，皙子努力过，他也曾不畏艰险，他也曾委曲求全。

　　但以世俗标准看，于立德，他相去甚远；于立功，他勉为其难却不得；于立言倒是不乏《黄河歌辞》、《金铁主义》、《粤汉铁路议》和那首广为传唱的《湖南少年歌》在近代史的长河中闪耀着熠熠的光辉……

　　但皙子不满足于立言，所以他是失败的——至少他自己是这样认为的——所以才会感叹对"平生帝王学"只能"颠沛愧师承"。

　　我有自己私人的见解，在湘绮师的师承中有三句话："访民间疾苦以充实胸臆，结天下豪杰以为援助，联王公贵族以通声息"。

　　杨度也曾归纳过自己成功的奥援——有学问有经验的前辈，有财力见识的实业家，有声望权力的大臣。

　　师父的第三点，他始终贯彻得很好；师父的第二点，他也确乎一直隐约地有，却又在几番改换门庭中明确地失去了；师父的第一点，私以为皙子从来没有过也未必有想过，或许湘绮师说得对——皙子性躁，太急功近利。

　　于是才有师徒二人在瀛瀛东洲之上对另外一种学问的探讨，"世事可为则奉行帝王之学，世事不可为则奉行逍遥之学"。

如果说杨度是在"枪炮一响，盖归无效"的时运不济中力求湘绮师的帝王大道，治印的杨钧、为画的齐璜则是用恬静的心践行闿运师父的逍遥之学，用平凡而不平庸的一生演绎着"或设帐授徒，或著书立说，或躬耕田亩，或优游林泉"的生命真性情。

其实皙子也有，只不过不是用师父教授的老庄玄黄，而是用佛学。书中的大量篇幅都在写佛学——有人说于本书而言这是无用的，我却认为这正是唐先生《杨度》一书的可贵之处之：从四谛到十二因缘，从八正道到三法印，从戒、定、慧的三无漏学到曹洞宗的真谛，从高僧三义到生死三关，从法华诸经到佛法三义……无一不是皙子对师傅另一种学问的体彻。

叔姬的思考是对皙子最好的理解——"一致而百虑，殊途而同归"，相信这也是唐先生关于满篇偈语的点睛之笔。

一直很想推荐先生的《杨度》，又怕写不好，因为书的内容太博大精深了。

杨皙子度在很多人看都是最后的帝王师，因此书本身就是国学的百科全书，因为杨皙子度的天纵奇才，更因为湘绮师王闿运的博学多识。

他能让夏寿田借"功名之学"以成卿相王侯，又能让杨庄籍"诗文之学"以近词臣之优，更能以帝王之学成就杨度。

于是书中有教写文章的，如"宜取三代秦汉魏晋人为准"，有教画画的，如谢赫的"画有六法"，有教书法的，如技法、学养、人品性情的书法三要，和教权衡各中利弊"多临《孔羡碑》"的隶书之要，更有杨度永远的金铁主义的帝王精神。

或许皙子没有看到普通人的疾苦，或许湘绮师和他真的在那个风云际会的年代生不逢时，他终究带着遗憾复归尘土，在痛苦而解脱的失败中，在芸芸众生的不理解的指责中复归尘土。

归去吧！再回瀛瀛东洲！静看"树木野花"，笑谈"杏坛黉宫"，永做"莘莘学子"，聆听"琅琅书声"！

帝道真知，如今都成过去事；

医民救国，继起自有后来人！

这是皙子一生最好的评价，杨度走了，但皙子的精神是永存的。

"中国如今是希腊，湖南当作斯巴达；中国将为德意志，湖南当作普鲁士。诸君诸君慎如此，莫言事急空流涕；若道中华国果忘，除非湖南人尽死。尽掷头颅不足惜，丝毫权利人修取！"

毛泽东、彭德怀、贺龙、罗荣桓……后起湖南人和所有中国人前赴后继的努力终于成就了中国革命的胜利。

唐浩明先生之《杨度》，值得一读！

2014 年 2 月 1 日

坚守那些关于良心的信念

——荐熊召政《张居正》

"南京，古称虎踞龙盘，但熟悉历史的人都知道，凡是
在那里建都的王朝，都是短命的……"

也许正因为看到了这样的原因，更多地是基于对政权稳固的考虑，
明成祖朱棣选择了迁都北京，大明国祚冥冥中博得上天眷顾而享 276 年
之久。大明王朝也藉此真正地走向繁荣昌盛，万国来朝而与汉唐齐肩。

万历皇帝 48 年，再之后 24 年，明朝在崇祯手中结束。不想宣扬什
么个人英雄主义，也不否认时势造英雄的规律，但无可抹煞的是那样一
个时代中力挽狂澜的名字耳熟能详——张居正。

"在我们的一生中我们会得到很多，也会失去很多，但有两样不能
失去：良心和理想。"——正是难能忘怀当年明月对叔大先生的评价，
难能释怀对万历新政的思索，我终于拿起熊召政先生荣获第六届茅盾文
学奖的作品——《张居正》。

年岁不同以往，对书的感觉也不同以往。

也许因为成长，书中很多未尽理想得过且过的地方些许明晰起来；也许因为世俗，书中很多不能苟同嗤之以鼻的手段些许理解万岁；也许因为功利，书中很多君子爱财取之有道的权术些许政治智慧；也许因为知识蜕变了，手中的《张居正》终于由《三国演义》、《水浒传》一样的纯小说洗尽历史沉甸甸的铅华成为精干的话、生动的事、鲜活的人。

所谓精干的话是说文中语言常有出彩之处，仅仅四本分册最后点题的曲目就令人心旷神怡："天涯孤旅，古道悲风"的《木兰歌》；"知识明君难割舍，扶社稷，要创千秋业"的《金缕曲》；"火中诞生，火中涅槃，疫瘴为甘露，忧悲为酒泉"的《火凤凰》。当然就推荐的实际而言，我没有看见应题的《水龙吟》，或许苏轼之后再无此词，好在齐集李王欧孟的《四时乐》弥补甚至于超越了这种遗憾。

文白相和从来都是近代优秀文学作品的特色之一，即便是内容上率先变革的武侠之梁羽生、金庸亦如此。没有创新就没有成就，没有积淀更是没有了创新的根基——或许只是山人妄语吧？

"赌钱吃酒养婆娘，三者备矣；齐家治国平天下，一以贯之"的邵大侠父子之对毫无疑问称得上对联之中的佳作——虽不比"张长弓，骑奇马，琴瑟琵琶八大王，王王在上，单戈能战；伪为人，袭龙衣，魑魅魍魉四小鬼鬼鬼犯边，合手并拿。"的引用变种之多，却也应时应景，成就韩退之"文章合为时而著，歌诗合为事而作"的期望绰绰有余。

"人喜欢诗词歌赋，我喜欢刀枪棍棒；人喜欢凤阁鸾楼，我喜欢荒村古寺；人喜欢上林春色，我喜欢夕阳箫鼓；人喜欢走马兰台，我喜欢浮槎沧海；人喜欢温文尔雅，我喜欢插科打诨；人喜欢温情脉脉，我喜欢嬉笑浪谑。"阳春白雪的对比形容书中的隐线邵大侠，此言自有千钧之力；"一肚子坏水儿，二眼泡儿酸气，三顿发霉的糙米饭，四品吊儿郎当官，五毒不沾，六亲不认，七星高照走大运，八面玲珑咱不会，九转真丹是惩贪，十面埋伏谁怕它。"下里巴人的顺口溜倒也正符合金学曾玩世不恭又忠于民事的个性。

再读《张居正》，终于不再是一本简简单单的小说。个人之愚见，没有十二岁未能从杨廷和之伟绩的际遇，没有二十三岁成为大明臣子及之后的艰辛历程应该算是作者的一种缺憾吧！当然我相信这也难免，明月兄也是一笔带过！历史从来只记录光辉的——无论光明还是黑暗的——瞬间，几曾百姓经历得汗青，否则老杜的"三吏"、"三别"约摸会少很多的市场，相信熊先生此举也是为了最大限度地尊重历史吧？

当作者用洋洋洒洒数十万字专门刻画明月兄《明朝那些事儿》，甚至不是单独列传的大明臣子时，一切的一切都生动起来了：

矛盾而又坚决地同高拱的斗争如是，平和而又诡谲的与内相冯保的平衡如是，吵吵嚷嚷的胡椒苏木折俸如是，雷厉风行阻力众多的考成法如是，温水炖青蛙的对邵大侠、李伟等的斗争如是，壮士断腕对老父张文明大义灭亲的举动亦如是，轰动一时而又影响万世的一条鞭法更如是……

就像纪传、笔记永远只能成为稗官野史一样，小说的优势历史也同样无法比拟，历史毕竟经不起描述和修饰，于是熊先生笔下一个一个我们记忆中的历史抖去了满身的塚土，全部鲜活了：斗争失败而又永不甘心的高拱、大贤大能而又爱财如命的冯保、威镇边疆而又检点不加的戚继光、老成持重而又计谋迭出的王国光、玩世不恭而又侠骨柔情的邵大侠、吊儿郎当而又实心用事的金学曾、刚烈无比而又柔情似水的玉娘、有志匡国而又无可理喻的朱翊钧、高高在上而又望得平常的李太后、决策天下而又难及自身的何心隐……

当然，也包括张居正，拯救大明天下和大明百姓的张居正，用"为天下百姓谋福祉"实践"极心无二虑，尽公不顾私"的张居正——貌似与历史扯远了，文学作品嘛！源于现实，高于现实！

无可否认的是，他一直有挽救大明天下于将倾的关于良心的信念，为了这个信念他"忍得一时之气；免得百日之忧"，为了这个信念他"赏当其功，则赏一人而天下知其功；罚当其罪，则罚一人而天下知所惩"，为了这个信念他践行着古老的《山海经》关于太平宰相的传说——"顺上之为，从主之法，虚心以待令，有口不私言。让天下黎庶万民，怀志者得志，怀土者得土，无苛政、无酷吏，国泰民安，疆土永固。"

再次借用当年明月的评价吧？

"在我们的一生中我们会得到很多，也会失去很多，但有两样不能失去：良心和理想。"

影影绰绰的大明皇宫，踽踽独行的老人，关于良心的信念——坚持的信念。

也藉此写下前一段时间学习小组第一讲的大意，《一篇小文、两段历史、十句箴言》：

一篇小文：《我的助理辞职了》。

两段历史：商鞅变法和王安石变法。

十句箴言："一表人才、两套西装、三杯酒量、四圈麻将、五方交友、六出祁山、七术打马、八口吹牛、九分努力、十分忍耐。"

一切的一切都关于坚持，关于张居正，关于那些曾经为中华民族、为这片土地奋斗过的人们——如商鞅，如王安石，如他们的坚持者和本应该有的坚持者；也如一片小文的局部积累，也如两段历史的制度固化，也如十句箴言的为了信念的生存。

2013 年 2 月 13 日

莫让真实消逝于永恒的传奇

——荐王觉仁《血腥的盛唐》

公元 618 年，李渊取代傀儡皇帝，开启唐朝；627 年，李世民"不得已"干掉自己的哥哥和弟弟，"安顿好"爹爹李渊；630 年，贞观大治成效初显，太宗皇帝成为"天可汗"；690 年，永徽朝彻底结束，大唐插入年号乱换的媚娘武曌时代；705 年，狄公的后继者发动神龙政变，武周还政大唐；710 年，玄宗李隆基初启开元盛世；755 年，渔阳鼙鼓动地而来，安史之乱毁了中华历史上美艳的爱情；783 年，藩镇叛乱；819 年，宪宗躺上了削藩的功劳簿；835 年，仇士良甘露之变，宦官之乱全面爆发；851 年，"傻子光叔"宣宗收复河湟；907 年，朱温率领群雄进入五代十国。

王觉仁先生在封底用很好玩的 K 线图画出了盛唐 289 年的辉煌与辛酸。

盛唐是中华 5000 年历史的缩影，波谲云诡，绚丽多彩，在强作欢颜的繁华中戛然而止……

盛唐又是独一无二的，它的辉煌足以羡煞万世，它的血腥堪称玄武纵横，它的传奇大至湮灭一切的一切……

"惜秦皇汉武，略输文采；唐宗宋祖，稍逊风骚。"

毛泽东的诗句是一种自信的豪气，但选择中又何曾没有对盛唐时代的肯定甚至是赞许？

从比较的政治地缘原则而言，盛唐堪称中华的巅峰，至少也是之一！当然，小农经济的生产力谈不上多少先进，封建主义的生产关系也遑论优秀，但大唐确有称"盛"的资本。在挑剔的史家眼中本来大治就寥若晨星，但是在盛唐我们记下了太宗的"贞观"，记下了高宗的"永徽"，记下了玄宗的"开元"，记下了宣宗的"小贞观"……

大唐是幸运的，几乎总有应运而生前赴后继的好君王，更有相应的好制度：在继承《大业律》的基础上，唐代先后修订《武德律》、《贞观律》，并且编制了《永徽律疏》，形成完备的法律体系；相权和君权的制约绝无仅有地实现"政事堂者，君不可以枉道于天，反道于地，覆道于社稷，无道于黎元。"最早对君权做出了制约；可以说唐初期的三省制取三公制之精华，更加规范，配以简洁有效的机构，堪称相对完美。

当年明月写明朱棣朝的题目是《万国来朝》，相信哪怕燕王本人也难能有太多的自信，大唐有。

626年，唐朝在渭水之耻后励精图治；629年，李靖和李勣击溃颉利。在李世民"凡有功于我者，必不能忘；有恶于我者，终亦不记"的伟大胸怀下，大唐王朝广纳蕃将：太宗朝的执失思力、契苾何力，高宗朝的黑齿常之，玄宗朝的李光弼、仆固怀恩、哥舒翰、高仙芝……唐帝王无比的自信成就了无数能战善战、功勋赫赫的蕃汉步骑。

"文明其精神"的制度加上"野蛮其体魄"的军旅使得大唐王朝济济人才各司其职在历史的长河中熠熠生辉：秦王府的十八学士，凌烟阁的二十四功臣，历仕三朝的长孙无忌、李勣，则天皇后时代奇迹般的刘仁轨、裴行俭、张柬之……大唐帝王"谨择群臣而分任以事，高拱穆清而考其成败"，终于在玄宗一代实现"垂衣天下治，端拱车书同"的开元盛世。于是我们才有幸得见李杜文章、颠张醉素、簪花仕女、颜筋柳骨，有幸得听恢弘壮丽的《秦王破阵乐》和美轮美奂的《霓裳羽衣曲》，得忆万国来朝的天可汗……

这才是真正的盛世！原本可能永久的盛世！如果没有葛禄逻可耻的背叛，如果没有怛罗斯之败，如果没有地动山摇的渔阳鼙鼓，如果没有仇士良的甘露之变……

可叹的是历史没有如果，大唐有的是令人艳羡的辉煌——在鲜卑原生态尚武的热血和关陇集团厚积薄发的政治冷血中浇筑的辉煌，也不乏血中的斑斑印记和淋淋腥味。

公元 618 年，唐朝建立，背后是杨广"谁将取之"的"好头颅"，是李密、窦建德、刘武周、刘黑闼的愤怒和不甘；公元 627 年，伟大的二公子"无奈"发动玄武门之变，从此之后，唐王朝政变基本在过家家，仅玄武一门就见证了四次，世民同志就是奋发图强的典型，李治的高宗朝又何尝没有埋葬承乾的泪水、李泰的无奈和李恪的血迹？武则天更是用李唐皇室的鲜血亲手扑灭骆宾王"一抔之土未干，六尺之孤何托"的呼喊；临淄王李隆基同志替父亲"六味帝皇丸"血腥上台；子承父业的李亨更是和玄宗多次演绎父权子从，更遑论暗影中的韦后、泪水中的太平……

终于，大唐的泪水模糊在宦官、党争和藩镇的三乱中，模糊在回纥士兵"金帛女子归汝"的贪婪中，模糊在安史之乱、甘露之变、河北割据的无奈中，模糊在南诏、江南乱世兵燹的腥血中……幻化为朱温透着殷红的禅让。

繁华终已矣！盛唐不再有，有的只是杜工部泣血的"三吏"、"三别"，是谪仙人李太白"秀口一吐，就是半个盛唐"的追忆……

和康乾盛世的无奈一样，盛唐的没落也一样毫无由头，至少好像毫无征兆。

可悲的玉环姐姐，昨天还是大唐巅峰绚丽绽放的"盛世牡丹"，转眼间就成为高力士手中的红颜冤魂。

正如王先生所说，她成了让人吃饱的第三个馒头，盛唐的戛然而止如何忍心怪在风姿绰约的贵妃身上？她又如何承受得起？

"百年流水尽，万事落花空"，高宗的无奈给了强势上升的贞观第一个打击；张说、李林甫的"制度改革"又彻底断绝了盛唐更盛的可能。宪宗、宣宗的挣扎注定是昙花一现，因为在相权集中的那一刻盛唐就开始苟延残喘了；郭子仪、李泌、陆贽，甚至是书中没有的张承业的努力都是徒劳的，因为盛唐已经在公元755年范阳的渔阳鼙鼓之前就湮灭了……

湮灭的只剩下《大唐的结局是地狱》，由"四海波振而冰泮"复归"五岳尘飞而土崩"。

实话说，我也认同朋友所说的《血腥的盛唐》"不如《明朝那些事儿》和《如果这是宋史》"，最近在看《贞观政要》，愈发觉得如是。

私以为，对《资治通鉴》的过多引用注定了书本身的高度，把阻扰了王荆公变法的司马光同志的书当散文读确是妙笔，当史实就略可能走火入魔了（对不起了胡老板@胡斌）。比如说李祐的那段个人觉得权万纪好像就和政要中不一样。我当然无权评论孰是孰非，但我倾向于吴兢的《贞观政要》。

依然非常诚心地强力推荐王先生的《血腥的盛唐》，不仅因为王先生笔下令人追忆的似水繁华的历史巅峰，不仅因为书中殷透纸背的乱世兵燹的血腥，不仅因为可读性极强的世俗语言，更因为它挽救了那些消逝或行将消逝在永恒的传奇中的真实。

没有英勇无畏的阿史那思摩，没有伴丁山哥出征的梨花姐，没有令凡人落泪令英雄湿襟的《平胡十策》，没有力拔山兮在自己锤下成为烂泥的元霸，没有仅怵一人的宇文成都，没有陷入池中乱箭穿心的罗成，没有程达尤金的说唱桥段，没有令人心潮澎湃的贾家楼46英雄聚义……

“朕昔在藩朝，早获问道，眷言风范，无忘寤寐。”拨开泛黄的书页，太宗不是完美的，至少吐血数升的神话不再；“幼聪睿，玄鉴深远，临机果断，不拘小节，时人莫能测也。”太宗的出身也在唐书中收敛了好多，至少不比汉高祖刘邦同志在《史记》中又黄又暴力的少儿不宜；李勣依然是名将，但已经不再如徐懋功那般仙风道骨……

大唐没有那么多的狄公案，李泌不再缄默无闻，高力士终于成了一个好太监，宋之问的“楼观沧海日，门对浙江潮”原来基本就是盛唐版的“引刀成一快，不负少年头”……

“最美的乐园是失去的乐园”，不得不承认那个强盛的时代一次又一次刺激我们追忆、缅怀、以致意淫出了无数的传奇。

于是王先生《血腥的盛唐》才愈发值得诸君共读：因为它还原的辉煌，因为它不避讳的血腥，因为它引入Elbert Hubbard、Jack Kerouac、Niccolo Machiavelli等西学入华史的突破，更因为它莫让真实消逝于永恒的传奇的可贵……

2014年1月31日

叛逆的思考家、实不当名的隐者和部分再现的明月

——荐许倬云《中国古代文化的特质》、比尔·波特《空谷幽兰》和任愿《秦时明月汉时关》

小力推荐三本不错的小书：许倬云《中国古代文化的特质》、比尔·波特《空谷幽兰》和任愿《秦时明月汉时关》。

所谓的小力推荐并不是因为这三本书不值得一读——自己对于书的推荐一向有自己的底线——而是后面为大家推荐的马上又算是鸿篇巨制，个人认为从可读性和文字的深刻度方面也比这三本要好得多。

许倬云先生有很多评说历史的书籍，都很不错，这本小书整个只有大概 110 页。之后是一篇非常不错的序《论雅斯贝斯枢轴时代的背景》，在其中徜徉遨游能对欧洲哲学的历史有宏观的整体认识。

本质上讲，我承认自己有些时候是偏执的，因此许先生很多所谓自己的观点我也不会赞同，但这些点缀不影响我对这本一百多页的小书的喜爱，喜爱到我会对其中一些篇目多次阅读，比如第八讲《中国科技发

展的一些问题》——作者从"天、数、地、农、医"的角度总结出发，按照五个部分讲述了中国科技突飞猛进的发展、难以突破的瓶颈当然也包括异族入侵等的外部因素。

记得郜丹凤姐姐曾经问我中外治史的不同，实话说我回答不了，也从来没有想过这样的问题，《中国古代文化的特质》在一开始就回答了这个问题："往往发现在中国史范围内，自己觉得天下之大只有中国，到外面一看，别处史家治史时，却是天下之大没有中国，这种偏差，是长期积弊造成的。汉学在中国学术圈里是门显学，但是在世界学术圈里并不是显学，于是一方面中国汉学圈内自己做自己的研究，自以为做出一些系统来，但一方面我们做的系统与解释，很难与外界沟通。"——这应该就是所谓根本的不同吧？同时也包括关于局限的分析，我不是特别可以认同的分析。

和众多史家一样，许先生也把更多的关注投向了文明——两河流域的地域局限、埃及文明的选民性、印度河和恒河流域的阶层性以及难以一言而概的中华文明。对祖国几千年文明的迷恋比很早之前和楠哥讨论的时候更甚，尤其是目睹了艾略特不知"哪里去了"的"智慧"之后。

如果以上所有仅是一些肤浅介绍，这本书最吸引我的一段话无疑是许先生对比较研究的认识。从中法实验教学到欧美航空，以及一直喜欢的古代文学和希望能给丹凤姐姐一个回答的中西方治史，我想我陷入了许先生极力避免的"求同"误区。

是的，任何一种文化、制度、文明、文学都有其生长的土壤，没有没有历史的文学，没有没有现实的历史，没有没有文化的现实……或许比较研究中确乎应该向着"求异"发展，而所谓的"同"只是可遇而不可求的。当然也应该少一些所谓的底线甚至于自我边缘化，如伽利略、如哈维、如帕拉克利苏斯。

无论如何，《中国古代文化的特质》作为许先生演讲稿的搜集出版，面向大众的普遍性还是值得肯定的，相比之下，比尔·波特的《空谷幽兰》适应的应该只是特殊的读者——超脱自然的，只有"一些泥土，几把茅草、一块瓜田、数株茶树、一篱菊花、风雨晦暝之时的片刻小憩"需要的隐者。

就纯文化而言，《空谷幽兰》本身并没有太多值得推荐的地方，尽管已经经过非常强力的翻译润色，仍然改变不了这是一部美国人所著中国文化的事实。没有意思或理由看轻亡我之心不死的帝国主义对中国的研究，但文化真的是扎根在一个民族内部的东西，如骨中的钙，如身中的血，没有办法模仿或拿走——当然也没有办法割舍或抛弃。

书籍的出名应该更多是因为作者是一个美国人，而且写的是我们很少触碰却一直心怀敬仰的隐士生活。书中有一句话非常有总结性和概括性"从本质上来讲，佛教和道教是一样的。佛经和道藏讲的是相同的事情。只不过道教强调命，而佛教强调性。但是真正修行的人是性命双修的。"——也的确能震撼灵魂，不仅仅是隐士，不仅仅是修道者，是每一个人。可惜这不是作者说的，而是杨道长说的，正如本书一样，更多的亮点在译注：如五浊、如长安八景、如《后汉书》"或隐居以求其志，或曲避以全其道，或静己以镇其躁，或去危以图其安，或垢俗以动其概，或疵物以激其清"的隐士大观。

《秦时明月汉时关》是昨天晚上刚看完的。

"部分再现的明月"和书名没有什么关系，而是指当年明月。幽默、现代语言、恰到好处的解释和点评、人物处理和不失时机的总结，如果作者没有和明月有过直接交流应该也至少对《明朝那些事儿》不陌生，否则二人真的会相见恨晚。

从来没有当这本书是一部真正的历史，因此更多是在看故事，当然它也确实不是真正的历史。

传记体和编年体的完美结合是本书非常重要的特点：从沙丘之谋到刘邦的终点，没有什么重大事件的遗漏；从大汉高祖刘季到张耳陈馀的恩怨，从屡出奇谋的子房到战无不胜的韩信，从传说英雄西楚霸王到中国历史上第一位不知道该如何形容的宦官赵高……也没有什么重要的人物被遗漏。

略有遗憾的是，书中有不少错误，考虑到书只有 300 余页，这一点尤其令人难以接受。于是细心的读者会发现：由于沟通不畅直接被田横、田广烹煮，间接被韩信坑了的郦食其可以在大汉建国之后仍然为刘邦和吕后出谋划策。

一切历史书都是不错的床头书，无论对于失眠者还是爱困的历史迷，尤其当我们希望可以在夜深人静中体味历史长河中的大智慧的话。

希望诸位在阅读时关注一位叫做刘敬的人，原本他叫娄敬。记得刚开始写作文时看辩论特别带劲儿，第一篇中有这样一个故事，说一个老外到一个工厂划了一条线得了 10000 美金，只是因为合适的地方值 9999 美元。这个不知是否存在的师傅比起真实存在的娄敬来说只能是小儿科了，我不得不剧透一下，史书上的记录娄敬基本等于三句话"建都关中"、"和亲"和"旺西都"——没什么好解释的！！！！

少些意见，多些建议。

2012 年 9 月 4 日

慎重地分析地阅读可能的统计的力量

——荐保罗·肯尼迪《大国的兴衰》

很长时间，浅尝辄止地翻了好几个朋友的书本，好像也应该在学校的图书馆中因为主观的和客观的原因没有看完。这两天终于在冰哥"书非借不能读也"的催促下算是草草读完了一次。

或许只有很小的几率我会去看第二次。

大容量的统计学信息即使看一摩尔遍或许也还是一些云里雾里的数字，就像大家都热衷于讨论却很少人知道其所以然的希格斯粒子；一致性的经济决定论看一遍就足以对保罗·肯尼迪这位牛津大学历史博士、皇家历史学会会长和耶鲁大学教授的说教铭记于心，就像所有 NBA 的球员和球迷都会被帕特·莱利手上满满的戒指炫目得神魂颠倒。

从纯粹的学术、写作乃至翻译的角度看，《大国的兴衰》都对得上肯尼迪先生的大名和这本书听起来挺震撼的名字，但是我首先想说的并不是推荐，而是一些我不同意的地方：

自认为我不是一个阴谋论者，至少不是一个十足的阴谋论者，像《货币战争》那样的书籍我觉得很值得看、很值得思考但也仅止于值得思考了，并不能尽信。但是不得不承认这些西方的所谓学术大师们在自己醉心研究学术（好吧！我都承认他们首先是醉心于学术研究了，我觉得应该不是阴谋论者吧？）的同时确实很多时候有点居心叵测，明明对中国不甚了解还瞎做比喻，搞来搞去无非就是想整出那个一直不怎么新鲜的调子——中国威胁论。

　　很多时候真的很奇怪，这帮吃饱了撑的没事干的大师们是一种什么样的逻辑，我们强大了前前后后至少从秦到明到康乾盛世 20 多个世纪，我们也一直没有多少向外的侵略（请搞清楚征服和侵略，征服才是文明的传播，侵略就是殖民），然后我们是一个多世纪的抗争，为民族解放和复兴的努力历史，我们怎么就威胁了，真是莫名其妙。看看支离破碎的中东就知道什么是完完全全的贼喊捉贼了。

　　更加不能理解的是居然有中国人自己相信这套理论，就像相信西方原教旨主义的"民主"和"人权"一样，最初是说送文明，后来说神的旨意，现在是民主，结果什么时候都是子弹、硝烟和鲜血。这种幼稚早在一百多年前就证明行不通了。也许我有点狭隘，但是有一点是可以肯定的，黄皮肤黑眼睛的我们就是我们，是中国人，无论何时都是，还是那一句"为什么回来"的回答。"大家一起努力，祖国强大了或许你以为自己所受的尊重是自己努力的结果而忘了水涨船高的古训；但是一旦我们回到百年之前，中华民族再次陷入最危险的时候，无论你是有美国的绿卡，还是有欧洲的蓝卡，或者是什么其他的护照都是虚无的，那时候我们只有自己本身黄皮肤黑眼睛的炎黄子孙身份（假设配得上）……"那种结局相信不用我说。

我不能，也不会为一本毫无价值的书在此振振有词地浪费大家宝贵的时间，没有时间去看英文原版，中文译本确实算是一本讲国际历史的好书——利用统计的力量给出令人信服的证据，联系经济的分析提出难以辩驳的理论，补充现状的观察支持自己的结论：

很长一段时间一直不怎么相信统计学，一直觉得统计学是一个不是很靠谱的东西，就像原来说一般题目不会做时就选择 C 或者答案最长的（当然说的是选择题，后者一般针对英语），这个统计学在我身上从来就不好使，哪怕最后二选一的局面……哪怕直到后来学习量子物理和统计物理，还有几个我连中文名都不知道的统计学的课程，我还是不相信这个东西可以对个体发挥多大的作用。事实上也确实不行，对于个体来说，除了努力就是说不清楚的命运了。但是对于整体，统计学有着不可估量的作用，怎么说呢？就如同光谱之中的跃迁是一样一样儿的，最后还是统计学能让我顺利毕业。《大国的兴衰》就是统计学运用的典范，书中支撑保罗·肯尼迪先生的最好例证应该就是那一个接一个的表格，一组加一组的数据和一份又一份的统计报告了。这也就是我说可能的原因，统计的数据嘛，首先是有一个统计覆盖的问题。但无论如何，还是必须承认统计的力量给出了令人信服的证据，从这一点上看书中很多的观点的确无懈可击。

如果说统计学的运用是本书成功分析的基础的话，那对成功分析起到决定性作用的应该是保罗·肯尼迪对于联系的运用，相比于单一分析某一个国家或者某一个地区的作法，肯尼迪先生广泛地使用了联系的方法和对比的手段，正如他本人说的那样——一个国家的强大与否其实并不取决于自己的实力，而是取决于邻居——当然需要有可比性。细致入微的经济数据，表格联系的经济对比，广泛发展的军经比重……当这一切的一切都数字化地呈现在我们面前，葡荷英美等崛起是那样地顺理成章，而西法德意的失败也就完全合情合理。

最后的一点也就是所谓敏锐的观察家，其实书中不止一次提到了这些扮演不知什么角色——个人觉得像预言的巫师——观察家。在各个大国往来争霸，血流成河的舞台上，在人民百姓生灵涂炭，路有饿殍的背景下，做着自己的预测。对则升天，譬如 1835 年预测两极世界的德·托克维尔，错则也没啥大不了的，就像那些我们不知道的……早知道为什么不多做一些可以让黎民百姓少受灾难的事情。很多时候他们做的正是那些侵略者国家的所谓政治家在那个年代所做的一样：在一个山清水秀的地方决定应该怎样划定殖民地的边界，在一份饕餮大宴上讨论该如何瓜分印第安的金银，在一场唇枪舌剑的会议激辩该如何摧毁主权者的"不文明"……当然我可能愤青了。保罗·肯尼迪先生在书中的观察是对接近 20 世纪做出的，算是一种敏锐的观察，基于自己集成体系的理论的敏锐的观察和分析，对于中美俄欧日的分析至少 2006 年本书出版时还是成立，剩下的就要靠"发展的眼光"了。

总而言之，书本身学术、分析、语言和翻译都堪称上乘，但是也希望大家慎重阅读，取其精华去其糟粕，从书中分析出对我们有意义有借鉴的东西，一起努力，为自己，也为自己的亲友和国家。

2012 年 7 月 12 日

思考及贯通的一家之言

——荐钱穆《国史大纲》

第二次看《国史大纲》，依然有很多收获，相信再看几次也会如此。如果说《中国历代政治得失》只是节选了中华文明历史长河中一些并不连续的片段，那《国史大纲》无疑称得上一部恢弘巨著。

没有必要为恢弘二字望而却步，仅仅914页，而且竖版排列的文字比横版的要相对少一些，加上文中很多大家已经知道的注释，上下两册的《国史大纲》不失为一个十分实际的推荐。

它同样也适用于原本对历史不甚了解的人，《国史大纲》并不像豆瓣评论上所说为一部史学通著，我更愿意把这部书看作钱穆先生思考及贯通的一家之言。文中的历史更多是作为思想的注解出现，而并非先生真正在意强调的东西。

书本身的可读性很强：记得推荐《圈子圈套》时曾经借用圈粉的一句笑言"如果书是竖版的就好了，可以边读边点头"。《国史大纲》则切实完成了这一点，正如同小时候看的第一本书《三国演义》一样，虽然是繁体字，但是相信对于已经弱冠的我们没有阅读困难（偶尔也会有一两个不认识的字，但是丝毫不影响理解书中的意思）；更重要的是钱穆先生著作的精细真正体现于字里行间。书中内容分成三个部分——主体用大号字，阐释用中号字，注解用小号字——个人认为单是这种严谨细致的学术精神就足以对此书进行推荐，但这些远远不是全部，地名人名有竖线标记，书目有波浪线标记，真的是事无巨细。（好吧！我承认自己以前只看过竖版的《三国演义》，不知道这些是古版书的约定俗成！）

书本身的思想性很强：一直在说思考及贯通的一家之言即在于此，《国史大纲》不是一部历史，因为先生对于历史的把握已经到了无须治史的地步。读完这本书更多的感觉先生只是在讲道理，然后历史刚刚好按照先生所讲的道理在发展。为什么夏商周会封建发展直至百家争鸣？为什么秦始皇可以一统天下？为什么汉朝在短暂的分王之后重新汉承秦制？为什么王莽可以篡位成功而后又失败？为什么三国两晋南北朝的纷乱局面持续数百年？为什么由隋唐代表的北方重新统一中国？为什么唐朝的制度会走向藩镇割据而最终崩溃？为什么宋朝始终无法对外强大？为什么明朝可以成为少有的从南向北完成中国统一的朝代？为什么清朝和元朝同为外族，在部族统治的法术治国上却可以存在根本不同的局面……

所有的这一切都不再是脑海中关于历史的若干片段和猜测，而成为连续的史学大片。

书本身的感情性很强：正如先生在序言中所述"温情与敬意"一样，书中内容是精辟的分析，是历史的证实，是略显刻板的注解，但同样甚至于洋溢于纸面的更多是先生对于国家、民族和相关历史的"温情与敬意"。正如他对孔子、对墨子、对法家、对董仲舒、对朱熹、对王阳明等的详尽得不惜笔墨，正如他对焚书坑儒、对党锢之祸、对文字狱等的痛心疾首，对异族入侵、对蒙古铁骑、对金清部族的泣血分析……

一切的一切都包含了他对于祖国、对于中华文明和华夏文化的"温情与敬意"。

很多关于本书的读后感都会写到钱先生的序言，我无法免俗，因为确实写得太好了：

"一、当信任何一国之国民，尤其是自称知识在水平线以上之国民，对其本国已往历史，应该略有所知。（否则最多只算一有知识的人，不能算一有知识的国民。）

二、所谓对其本国已往历史略有所知者，尤必附随一种对其本国已往历史之温情与敬意。（否则只算知道了一些外国史，不得云对本国史有知识。）

三、所谓对其本国已往历史有一种温情与敬意者，至少不会对其本国历史抱一种偏激的虚无主义，（即使本国已往历史为无一点有价值，亦无一处足以使彼满意。）亦至少不会感到现在我们是站在已往历史最高之顶点，（此乃一种浅薄狂妄的进化观。）而将我们当身种种罪恶与弱点，一切诿卸于古人。（此乃一种似是而非之文化自谴。）

四、当信每一国家必待其国民具备上列诸条件者比数渐多，其国家乃再有向前发展之希望。（否则其所改进，等于一个被征服国或次殖民地之改进，对其自身国家不发生关系。换言之，此种改进，无异是一种变相的文化征服，乃其文化自身之萎缩与消灭，并非其文化自身之转变与发皇。）"

我不是什么文明人，因此我更加希望用白话文来一段自己理解的翻译：所有人，尤其是那些所谓的"公知"在信口开河之前最好懂一些历史，懂历史还在信口开河只能说是装的或者良心被狗吃了，想当汉奸就明说，搞了一大堆的弯弯绕说是文化有问题的，而走上固步自封或者崇洋媚外的，一般上都是理解力有这种那种毛病，当然也无所谓，国家和民族的发展需要的是真正了解、铭记、关怀、努力和给予"温情和敬意"的大多数人。

我辈加油。

文章中一些东西也不能说完全正确，这就是为什么我在题目中用"一家之言"，和《中国历代政治得失》一样，钱穆先生对于士人、士人阶级和士人政权一直有一种极大的热爱，甚至于对农民起义对于历史的推动完全否定，甚至于大加挞伐。

所谓白衣卿相真的没有必要是读书万卷满腹经纶的才子，相反钟跃民那种"靠劳动吃饭怎么着都不丢人"的理念在我脑海中根深蒂固。傅佩荣先生在《哲学与人生》自序中曾言"哲学脱离人生，将是空洞的；人生缺少哲学，将是盲目的。"我认为这句话对于所有人都成立，无论是居庙堂之高还是处江湖之远，无论是帝王将相还是三教九流，大家从事的职业和职能决定大家说话的载体不同，但是生活中提炼的融化于话语中的道理是相通的，从这个意义上讲每个人都是哲学家。

因此所有对于历史、文化和民族曾经有贡献的人都应该算是历史的推动者，农民不应该被排除在外，一如曾为沛吏的汉高祖或者放牛为僧的明太祖。

他们建立的制度或许存在这样那样的缺陷，由于时代的局限、利益的局限或者眼界的局限而有缺陷，但是这不影响他们的伟大，他们也像我们这些所谓的士人一样曾经对于制度、对于民族、对于文化有自己不可磨灭的贡献。

2012 年 8 月 19 日

孙先生的《大秦帝国》还原了一段

——若合符节的包罗万象的激情澎湃的历史

听从一位老师的建议，最近看了不少书，有的写得真的比较差劲，当然也可能是我理解不了这种如同超现代书法一样的"超现代"：比如有的游记没有自然的风光景色描写，没有游者的心路历程刻画，没有生命的人生路途的思考……真的很难甄别如此书籍是什么；再比如有的管理类的所谓"思考"假大空了半天，貌似头头是道，回头一想还不如李卫一句"呀呀个呸的"有内涵……

可能自己学业不精不能理解好吧！

相比之下另外一些我觉得十分值得推荐：斯蒂芬·柯维的《高效能人士的七个习惯》，深入浅出地剖析了一些确实值得我们学习的好习惯，相信值得诸位一看，尤其是一些矩阵确实对学习工作等有比较好的启迪；都梁的《血色浪漫》，先是一直记得炤哥很喜欢看电视剧，刚巧寝室的网络电视上有，看了确实不错（刘烨完美演绎了钟跃民的义气和在路上的生活态度，同样的还有陕北民歌；完美地体现了特定群体的语言文化，非常精彩），后来再看书以作对比觉得还是书写得更棒，可能是文字留给自己的想象空间更大更能想象到自己的思绪中吧？但同时也须承认，书中的风景描写、书中的人情风味、书中的《七笔勾》等都是银幕无论如何也发展不出来的；当然喜欢游记心情的朋友也可以有空看看夏天鸿的《去，你的旅行》，有心情的描写，有感情的串联，除了老是动不动喝咖啡有点无聊外，算是一本不错的随笔。

相较之下，孙皓晖先生的《大秦帝国》则堪称值得推荐的经典，一如我推荐当年明月的《明朝那些事儿》——事先需要说一下，书比较长，从秦献公与魏惠王少梁之战一直到秦帝国彻底灭亡，6部11本，粗略估计530万字。

与《明朝那些事儿》稍微不同的是，《大秦帝国》毕竟是一部历史小说，不仅需要来源于生活的历史真实感，同样需要高于生活的整合创造。于是有了公子虔刑罚的时间误差，于是有了商鞅、鲁仲连等的略带武侠的描写，有了一些可能为真的非信史叙述……同样小说中也不乏前后矛盾的部分，比如三骑锥战术的起源。但是整体而言，孙先生的描述基本符合史实，洋洋洒洒数百万字展示了一个或许我们并不熟悉的秦帝国，展示了一段若合符节的历史、一段包罗万象的历史、一段激情澎湃的历史。

若合符节是孙先生的历史分析的合理性，当然必须承认，推测不是史学家笔下的信史，只能做文学化的处理，无法以历史的形态公之于众。但是正如当年明月在《明朝那些事儿》中所说，作为历史的爱好者，我们是可以基于最基本的真实史料和记载做出自己的判断——我们很难接受，但是很多的历史确乎无法考证了：老秦人奉若神明的商君、秦孝公结为知己的商鞅、秦惠王嬴驷的老师为什么会死于秦惠王的车裂，只有相信商君寻死是对君臣情感的崩塌、商鞅"极心无二虑，尽公不顾私"

之作风、车裂的不可能性和可行性等悖论最好的解释；与张仪以天下为棋局的到底是不是苏秦也无法确认，出土的文物确乎有其难以辩驳的证据，但两千多年民众的流传相信也不是没有一点根据；雄主暮政的秦昭王嬴稷是否真的，又为何忍受以魏冉为首的"楚三君"十余年之久直至"远交近攻"的范雎到来？范雎之于白起是否真的有所谓的嫉妒？始皇帝与吕不韦的不合究竟真的是宫廷丑闻还是吕不韦"宽政济秦法"的《吕氏春秋》之策？为什么会有所谓"罄竹难书"的"焚书坑儒"？"欲一天下者，海纳为本"的李斯又如何能够与后来杀伐成性的赵高结为一气？"秦虎狼"真的是仅仅由于尽失民心以至于面对风起云涌的起义竟然不堪一击吗？拥有王翦大军的赵佗为何没有返回中原靖难……所有的这一切都在沉埋于地下甚至不知何处的历史中难以窥见甚至永远不能窥见真相了，但是可以肯定的是：司马迁的《史记》不能尽释，贾谊的《过秦论》不能尽释，多如牛毛的《六国论》不能尽释……

　　或许他们将永远留在赵佗仅只一言的"不违先人之志"中，相信对历史的推测和判断也是历史的迷人之处。

　　包罗万象是孙先生对于地理、历史、人文和思想的考察：上党之地、离石要塞、巴蜀沃野等等皆尽如是；犬戎攻镐、尊王攘夷、部族历史等等皆尽如是；民歌风俗、水文耕田、方言管制等等皆尽如是……《大秦帝国》最吸引我的地方之一无疑是孙先生对战国时代思想流派及其著作的把握和描述，相信这些值得甚至更值得同《大秦帝国》一起推荐于诸位：《墨子》、《慎子》、《孙子兵法》、《吴子兵法》、《司马法》、《尉缭子》、《阴符经》、《商君书》、《韩非子》、《诗经》、《鬼谷子》……当然也包括《吕氏春秋》。包罗万象也包含另外一层含义，《大秦帝国》核心于大秦却不局限于大秦，战国中所有与秦国直接或间接相关的一切均是如此：孙膑向世人展示战争另一种层次的两度围魏；贯穿战国始末的四大公子的坚持；昭王、乐毅的小仁之仁；魏国朝堂的渐渐腐化；屈原大夫的奋力之争……

激情澎湃很简单，也很复杂——简单为一句"赳赳老秦，共赴国难"的誓言：为了这句誓言秦献公战死得来的土地被秦孝公嬴渠梁忍辱负重割让于魏惠王；为了这句誓言商鞅入秦走遍了秦川的每一个角落；为了这句誓言王翦率军"轻兵"救秦军铁骑于六国合围；为了这句誓言老迈的郑国带领老秦人大决泾水……复杂为"宁可打烂秦国也绝不打烂华夏"的"欲一天下者"之奇特：蒙恬率领的九原秦军始终没有南下，不灭一国而封侯，是中国历史上堪称绝无仅有的对游牧民族的绝对优势；应王翦所请，秦军将士远赴南海郡，赵佗应命永不中原靖难而华夏终有南海；统一的文字、度量衡……同样的激情澎湃也永远的属于那些书中刻画的惟妙惟肖的人物形象：果敢刚毅的秦孝公嬴渠梁、"极心无二虑，尽公不顾私"的商君、堪为左膀右臂的车英和景监；历经磨难终成大器的秦惠王嬴驷、"连横"天下的张仪、奇袭天下的司马错；忍辱负重的秦昭王嬴稷、"远交近攻"的范雎、从无败绩的军神白起；奋六世之余烈的始皇嬴政、"宽政济秦法"的吕不韦、"欲一天下者海纳为本"时代的李斯王绾赵高、老成持重的王翦、轻快炫目的王弼、兼百工之能的蒙恬、刚正直谏的蒙毅、姚贾、顿若、李信、辛胜、冯去疾、冯劫、郑国……

突兀地说一点自己的感受：生为华夏子孙我不胜荣幸，我们所做的牺牲相比于我们的先祖微不足道，我们所做的贡献相比于我们的先祖是萤火之明，我们所处的享受相比于我们的先祖不胜过矣，我没有很多理由指责我们应该追求更好的生活的梦想，但是这一切的一切都需要我们自己的努力，努力完成国家和民族富强昌盛的大计，就像当年的老秦人一样在"赳赳中华,共赴国难"的誓言中努力奋斗自己、实现自己、报效国家。

PS:最后的《祭秦论》也很不错,读起来有点费时间,但是孙先生写得更加费时间,为了这本书,他辛苦了,值得一看。当然尽信书不如无书,有些事情为了小说效果难免有加工,希望史学爱好者自己甄别!

2012 年 4 月 12 日

王道而普适 信史而不违

——荐冯梦龙《东周列国志》

"人有智，犹地有水；地无水为焦土，人无智为行尸。

智用于人，犹水行于地，地势坳则水满之，人事坳则智满之。

周览古今成败得失之林，蔑不由此。"

语出冯梦龙《智囊叙》，犹龙先生最辉煌的成就当然是与凌濛初的"三言二拍"，但不仅于此，至少看起来《智囊叙》也不错，当然只是感觉因为目前还没有看，看过的和推荐的是《东周列国志》。

"周览古今成败得失"，然后"以史为镜，可以知兴替"，史与道的关系，无非如此，《东周列国志》恰得此道，更超出此道。

很感谢读友的留言，说《东周列国志》本身算"信史而不违"，让我决心看完它。想想十多年前看《三国演义》还是泛黄、繁体、竖版的，很多字不很认识，没曾想《东周列国志》却直到十多年之后的如今才读完。书本身算比较难，这并不是第一次尝试，好几次了，或者因为相对

艰涩的古文，或者因为好多不认识的字（囧，简体字还是好多不认识），
或者是因为名字不好记，都没有读完。

当然，书本身的魅力战胜了这些，明朝末年其实文字已经很白话了，
字不认识跳一跳也过去了，名字只是符号，于大道无碍，正如书开头所
唱的：

道德三皇五帝，功名夏后商周。

英雄五霸闹春秋，顷刻兴亡过手。

青史几行名姓，北邙无数荒丘。

前人田地后人收，说甚龙争虎斗。

如果龙争虎斗都只是"说甚"了，孰龙谁虎又有什么好纠结呢？

前两天有个姐姐让推荐不错的历史书，因为刚看完记忆犹新很想推
荐这个，终于还是没有。从烽火戏诸侯到嬴政一统天下，数百年的历史，
人物繁多，所以不像《三国演义》，也不似《水浒传》，人物的形象不
是那么鲜明，不适合吸引初读者。正如《太史公自序》所说"春秋之中，
弑君三十六，亡国五十二，诸侯奔走，不得保其社稷者，不可胜数"——
时间太长，内容太丰富了。

很多评论家以此对《东周列国志》颇有微词，我恰以为书最吸引人
的地方之一正在于犹龙先生更多的是一个编书者，所以读《东周列国志》
其实不难，时不时会读到《郑伯克段于鄢》、《烛之武退秦师》、《曹
刿论战》、《邹忌讽齐王纳谏》、《勾践灭吴》……很是亲切。更重要的，
因为编书的篇幅很大，真实性相比演义小说也就有了很大的保证。

于是书中不仅仅有桓文霸业，不仅仅有吴越争雄，不仅仅只是春秋

五霸、战国七雄的几支独秀。原来一切的一切开始于划时代的"周郑交质",于是乎礼崩乐坏了,华夏进入了最坏也是最好的时代;原来宋、卫、鲁、陈什么的都曾经叱咤一时甚至雄霸一方。

很真实地记录了君主:郑庄公的机谋智慧,宋庄公的贪得无厌,齐桓公的释嫌放权,卫懿公的好鹤亡国,宋襄公的迂腐仁慈,晋文公的颠沛流离,楚庄王的一鸣惊人……终于到威风的召陵之师和践土之盟。

很细节地记录了名臣:考叔的黄泉相见,子文的独力强楚,管仲的公家修族,荀息的假途灭虢,祁奚的智辨忠贤,晏婴的二桃三士,文种的平吴七策,四公子的广养食客……终于到李斯的"欲一天下者,海纳为本"。

很威风地记录了战将,窋生的欲擒故纵,曹刿的一鼓作气,先轸的退避三舍,孙武的破郢亡楚,孙膑的围魏救赵,乐毅的风卷残齐,田单的火牛破燕……终于到老将军王翦的"非六十万不可"。

很浓重地记录了素王:仅以孔子为题的笔墨就两回,不亦多乎哉?其儒家入世的理念更是几乎无处不在。更比如鬼谷子,读完《大秦帝国》的时候就觉得这大哥才是战国真正的幕后推手,《东周列国志》也终究绕不开他,因为绕不开阴险狠毒的庞涓,绕不开为战争开辟了另一种场面的孙膑,更绕不开为六国纵横捭阖的张仪与苏秦。

在五彩缤纷的战国中,终于,秦国笑到了最后。靠着文、穆、孝、惠文、昭襄、始皇的六世之烈,靠着五张羊皮起家的百里奚、奖励耕战的商鞅、舌绽莲花的张仪、合格守成的魏冉、远交近攻的范雎、宽政济秦法的吕不韦、毁誉交半的李斯……靠着不负秦公的孟明视、剑走偏锋的司马错、灭卒近半的白起、老成持重的王翦、将门虎子的王贲……

靠着坚持!

书本身很纯粹，所以人物形象很鲜明，要么英明神武，要么算无遗策，要么战无不胜……要么，就是另外一个极端，父谋与子，弟算于兄，臣冤于主，君弑于下，亦或是"桀宠妹喜，遂以亡夏；纣宠妲己，遂以亡殷；幽王宠褒拟，西周遂亡"的红颜祸水。

帝王将相并不一定善终，窝囊的比如急子和公子寿，壮烈的比如"申生孝而国乱"，甚至于九合诸侯的齐桓小白和胡服骑射的赵武灵王也不能幸免；很是欣喜，在《东周列国志》中，小人物也可以入史，因遗臭万年的比如各姬、姜，更多是那些重义而轻生的"士"，比如追随重耳浪迹天涯割股啖君的介子推，也比如战国四公子的鸡鸣狗盗之徒，更比如专诸、聂政、豫让、荆轲们冲动的死亡，比如为伍员而去的渔丈人和不知名女子。

书读完了，记得《二号首长》中说陈运达读《东周列国志》读出了省长的境界，过则估计过矣，但也不全是妄语，因为书很纯粹，很多的道理、环境也包括权谋都是最简单的格式，用数学语言来形容就是基底，学起来简单，用起来可以灵活组合。

我想或许这就是我推荐犹龙先生的书的第二个原因吧——王道而普适。

第一次有这样明确的感觉应该是看商鞅，平时设计飞机一直在说双V体系，说需求分解和设计验证，突然间发现，这些出类拔萃的古人正是这样做的——"夫国不富，不可以用兵；兵不强，不可以摧敌。欲富国莫如力田，欲强兵莫如劝战。诱之以重赏，而后民知所趋；胁之以重罚，而后民知所畏。赏罚必信，政令必行，而国不富强者，未之有也"——大致意思是：要咋样必须咋样，如果咋样了就可以咋样，那咋样咋样的都成功了。

再推敲，很正常，古人所讲一般都是从方法论开始的，《左传》、《国语》、《战国策》们之所以历久弥新，其之于史学的价值是一部分，更多的也应该包含其中的哲学原理。

比如识人，当然史书的编纂者们有着一定的维护封建统治"君权神授"之基础的目的，更多的真的就是识人断人。《东周列国志》中这样的例子很多，比较猛一点的像要离评价伍子胥和伯嚭，比较脍炙人口的比如祈黄羊"内举不避亲，外举不避仇"，比较生动和普适的比如说申生"其为人也，慈仁而精洁。精洁则耻于自污，慈仁则惮于贼人。耻于自污，则愤不能忍，惮于贼人，其自贼易也"……

最重要的，赋比兴的手法不仅是《诗经》的专利，中国哲学很重要的方面应该算是天人合一。所以道理很多都从自然之道开始，浅显的只言片语如"虎卑其势，将有击也；狸缩其身，将有取也"，如"以智御智，如用石压草，草必蟳生。以暴禁暴，如用石击石，石必两碎"……终于在淳于髡和邹忌五暗问五明答的措辞中达到高潮，令人拍案击节，兴奋难以自已。

当然，不是没有失败的例子，这也正是书的可爱之处，道理透了，行使还须人情。于是对章明之梦，伯嚭和公孙圣有云泥之别的解释——目的不同；伍子胥看越王勾践知其"内怀虎狼之心，外饰温恭之貌"，看见伯嚭却判断"惊翔之鸟，相随而集。濑下之水，因复俱流"——感情不同……

道是唯一的，人却终归是复杂的人，所以历史才会绵延不绝到今天，也不断地反复到今天。

因为是编书，有很多成语，或美好——如乘龙快婿，或警示——如唇亡齿寒，或感人——如赵氏孤儿，或励志——如卧薪尝胆，或悲壮——

如图穷匕见，或悠远——如高山仰止；也有很多对仗，或厚积薄发——如"大厦之成，非一木之材也；大海之润，非一流之归也"，或居安思危——如"日中必移，月满必亏"，或张弛有度——如"察见渊鱼者不祥，智料隐匿者有殃"，当然也有功成身退——如"狡兔死，走狗烹；敌国破，谋臣亡"。

书很亲切，不仅仅因为那些耳熟能详的篇章，不仅仅因为从小百听不厌的故事，不仅仅因为典故深远、成语璀璨、警句连篇，更因为写书者更多是编书者，所以书本身——信史而不违，更因为真实中不乏纯粹，所以其哲理——王道而普适。

《东周列国志》，是本好书，值得一读。

喜欢写打油诗的，书中的诗词也是不错的参考，音律什么的值得推敲，道理却是不错，就用犹龙先生自己的诗结束吧？

> 卜世虽然八百年，半由人事半由天。
> 绵延过历缘忠厚，陵替随波为倒颠。
> 六国媚秦甘北面，二周失祀恨东迁，
> 总观千古兴亡局，尽在朝中用佞贤。

2014 年 10 月 31 日

幽默的陈述掩不住历史的良心

——当年明月《明朝那些事儿》

真的很不错——当年明月的《明朝那些事儿》。

不过书写的确实很棒，尊敬的皓岩头，我要对不住了，不过今天晚上确实写程序对我来说是难了点，而且更客观地说，很久以来一直有写一个读后札记的想法。

整本书我都读过了，有的地方读了好多次，大部分只读了一遍。

不过这样也已经足够让我铭记于心了。

写点什么呢？说说自己的一些感想吧！读书，我读的更多是人物，所以以前很爱看武侠小说，也许自己的经历中有很多灰色的地方，所以更喜欢看看主人公们虽然曲折，但是也很光辉的人生！

从小就很喜欢读历史，其实书里面很多的内容早就是耳熟能详了，但是明月兄总能写出一个更加活脱脱的人物：

比如朱元璋和朱棣，这样的皇帝我们其实更愿意称之为英雄至少是枭雄，特别是后面的这个，实话说来历史上的皇帝我最欣赏的就是他和李世民——上马打天下，下马治天下。"早慧聪明，文韬武略，戎马倥偬，纵横天下完成统一大业"，王朝的第二个皇帝（我们略去朱棣的侄子吧！这样与年代有悖却更像历史），"身兼创守，声播域外，靠阴险狡诈的手段夺嫡篡位"——典型的文武全才。我承认更多的时候我喜欢的是他们金戈铁马气吞万里如虎的南征北战，但是明月的描写反而让我对他们立身于朝的经历增加了几分佩服，长期的革命生涯让他们雷厉风行，大行改革之道。为两个帝国打下坚实的根基———切的一切都是成就事业的武器。

比如戚继光，我们知道的是一个纵横疆场几十年，先南后北把倭寇打得望风披靡的大将军，但是他也是一个出色的政治家。我们承认张居正的支持让他能更加方便的为这个国家贡献自己的力量，但是明月让我们看到了，他自己就很会来事——要回报自己的朋友、要报效生我养我的国家，首先你要为自己搭起这个舞台。

比如王阳明，我对日本人的情感向来是……但是有一个人我还是佩服的，尽管就是他强大了日本——东乡平八郎。我读过他的传记，其中不止一次提到一句话"一生俯首拜阳明"。这里的阳明就是王守仁，以前我一直不知道心学是什么样的东西，看完了以后我去图书馆查了关于王先生的书，说实话还是没明白，不过我知道了自己的校训"德才兼备，知行合一"来自哪里，王守仁的学问归结为四个字"知行合一"。他的一生基本上分为两个部分（一个是知：努力成为他父亲几乎反对了一生的圣贤；一个是行：说白了就是随机应变，他可以在官场上进退自如，尽管从来没有进入权力的中心，他可以用瘦弱的身躯领导一场又一场的胜利）——说什么好呢？我不敢评论，姑且写上校训"德才兼备，知行合一。"心中对我的大学又是多了不知多少喜爱。

比如孙承宗，比如袁崇焕，比如胡宗宪，比如俞大猷，比如于谦，比如孙镗，比如李如松，比如麻贵，比如……这样的人我们称之为民族英雄，官大的或者官小的，有名的或者没名的，有或者没有争议的，他们用自己的努力和信仰以及对这个国家的热爱打动着我心中的热血——有一天，如果那一天真的来临，能将我的热爱幻化成我的血是我最大的骄傲。

比如夏言，比如高拱，比如徐阶，比如……我的省略号没有省略所有相似的人，尽管我对这样的政治斗争觉得很是那啥……不过他们有自己的理想，为了人民他们做出了很多——方式，我真的不知道怎样去评价。

比如谢缙，比如徐渭，一个文采飞扬，组织了《永乐大典》的编纂，一个能武，无论生死都把倭寇打得服服帖帖——都说文人相轻，我看见的是他们为国家作出的最灿烂的贡献。

没有比如，张居正，关于他的文字看过数百万言，却仍然不敢有什么评价，大家自己去看吧，我只记着明月的评价——在我们的一生中我们会得到很多，也会失去很多，但有两样不能失去：良心和理想。

还有很多，不早了我就说这些，管中窥豹，难见一斑。

真的是一本很不错的书。除了对于《二十四史》的热爱，时至今日才又去这么投入地看一本写历史的书，文采飞扬，语句风趣，旁征博引，真实可信，十分值得一读。

2007 年 4 月 19 日

在冰冷的政治与沸腾的热血中

——荐钱穆《中国历代政治得失》、冰哥《狼群》和君琦《圈子圈套》

很大程度上，看书与听音乐没有什么本质的区别，从书的名字已经完全看不出什么来了，大多数初出茅庐的作者必须从题目就开始吸引眼球——因此只能去尝试，大多数时候得到的结果是……此处省略若干少儿不宜的吐槽……

饶是如此最近也看了几本非常不错的书：

从最近的开始吧？2012年4月22日，胡老板也就是胡斌推荐了一本三联书店出版的大师钱穆先生的《中国历代政治得失》。

冰哥的话有一些道理——为什么我们说的就好像在平日谈天说地，他们的就能作为经典呢？

读过此书这个问题应该可以迎刃而解，能成为体系并且著书立说应该有几个必不可少的要素：第一，思想上要有一整套的体系，今天说张家的瓜明天论李家的菜这个不叫体系，顶多了能写游记——而且是肯定不很好看的"咖啡"游记；第二，要有深厚的又十分大众化的文笔，并且不在乎书的长短，深厚到至少让人看起来觉得有可学之处，大众到大家可以读得懂，不在乎长短可以避免动辄几十页的"重要性"和"绪论"；最后也是最重要的，要把这种有思想和善交流用文笔展露出来，其实平日中我们热衷于这种谈论也未必没有所得，重要的是必须要记下来。

钱老的《中国历代政治得失》就是如此，首先有贯穿的脉络——人事和制度；其次选取了中国历史上非常有代表性的朝代（我更愿意理解为朝代集团）：奠定华夏基础的汉（应该是秦汉，因为从制度上讲史书中所谓的"约法三章"不能成为制度，更多的制度应该是萧何的"汉承秦制"）；代表中华文明的唐（应该讲是隋唐，因为无论从九品中正制向科举的正式转变，抑或是律法等这两个北周权臣而兴起的政权都应该是联系在一起的）；代表文化中兴的宋；华夏武功的第二个巅峰的明；封建年华的最后守护的清。

不得不说有的话也确实只能作为钱老的一家之言，比如对于明朝的分析至少个人就不很赞同，对于相权的定义也显得略微有些太过偏向字面意思……但是更多的时候钱老确实给出了非常深刻的分析，比如汉唐的制度分析，比如宋朝文中兴武难耐的尴尬，比如明朝政治制度的核心弊端，比如所谓清朝的"无制度只有法术"……另外一方面，钱老学贯中西的渊博也让人难以望其项背——比如他对帝国的分析，比如他对官员制度的解析……

总而言之，这是一部不错的书，一部值得一读的书，一部虽然"一家之言"，但是非常浅显又足够深入的历史普及书。

再一个是冰哥推荐的特种兵题材小说《狼群》，可以算是现代版的《朔风飞扬》，里面有丰富的军事知识，当然我没有办法辨别真伪，但是本能地认为应该是不错的。

　　至少有三点是值得推荐的：细致入微的战场描写（基于这一点也希望大家慎重阅读，有些战场描写过于"真实"），永不忘本的爱国情怀，从不放弃的铁血本色。

　　最后一个是君琦推荐的《圈子圈套》，已经拿了此书很长时间了，上个月刚刚看。刚刚走出校园，对于由书名想象出的内容是有一定的抵触的，最终我更相信哥们的推荐。

　　结论也只有一个，更多的时候我们所看到的应该是仁者见仁智者见智：如果从书中所谓的反派俞威去看我们当然会看到不少的谎言、设计的圈套、势力的投机；但是如果以真正的主人公洪钧的视角看，至少有一点是可取的——最好不要撒谎，哪怕是善意的谎言，因为是谎言就有被揭穿的可能——这样的教训对洪钧之于邓汶适用，对俞威之于范宇宙更加适用。

　　相比于我们自动加上的厚黑学的想象，我更愿意把书本身看成是一种商场和职场的智慧，一种社交和酒局的机变，一种生活和工作的抉择。很多的时候我也觉得这种差别可能微乎其微，但是如果参看一些《韩非子》就知道其实这种机变的精明真的与所谓的黑暗相去甚远，确实值得一看，并且可以一看。

　　作者是销售出身，很多的描写应该确实是亲身经历，甚至有圈友笑言应该将文字印成竖排，因为要边看边点头认同。

　　为了证实，权且写几个我认为不错的经典语录吧？

　　"虽然眼下我们的状况确实很糟，已经糟得不能再糟了，但这是好事，因为在我们周围已经没有不确定因素了，即使不会很快好起来，起码不会更糟。试想，假如你换一个环境，也许最初会觉得舒服一些，但那里有无数的不确定因素在等着你，谁知道将来会发生什么？恐怕很快就会比现在还要悲惨得多。最大的危险并不是你眼前看到的，而是你还没看到的那些未知数，记住，要小心拐角的另一侧。"

"人这一辈子不会像乘地铁这么简单，错过了还可以再绕回去，关键的时候只有那么几步，错过一个出口、错过一个机会，可能就会抱憾终生。"

"一个项目，到什么时候就彻底没希望了，我的回答是：当你自己不再抱任何希望的时候。只要你自己放弃，这个项目就一定没戏了；但换句话说，只要你不放弃，任何项目无论进行到任何阶段都还有机会。坐镇后方的统帅，即使放弃一场战役，他还有机会重振旗鼓；但在前线的士兵，都不可以放弃一场战斗，因为他放弃的后果就是死亡，两个人拼刺刀，谁也没有第二次机会。"

"老板看你的简历，是在寻找录用你的理由；下面的人看你的简历，是在寻找淘汰你的理由。

任何成功，都有太多的偶然；而任何失败，都有太多的必然。成功，没有秘笈也没有捷径，成功没有充分条件，而是有无数的必要条件；相反，失败没有必要条件，倒是有无数的充分条件。"

2012 年 5 月 20 日

折断的脊梁与理想的屈辱

——荐高天流云《如果这是宋史》

又一部鸿篇巨制，仍然在新浪高天流云的微博上更新着。推荐的书很少只看一遍的，相信这一部也不会只看一次。

笔法和当年明月类似，比当年明月有更多的思考，比当年明月更多的猜测，比当年明月更注重人物心理活动的描写。

尽管书中对于人性格的强调有点太多，尤其相对于宋朝300多年的历史长河；尽管书中非信史的推断和猜测有点太过，尤其是在有《太祖实录》和《宋史》等诸多史料的情况下；尽管书中有作者太多自己的感情色彩，尤其是作者所谓"简简单单写历史"的命题下显得更为突兀……但是这一切都不影响这是一部好书，一部脱离了低级趣味的书，一部值得反复玩味的书。因为宋朝的历史确乎是一个毫无反抗的小姑娘，任人装扮得太多了：三次"修订"的《太祖实录》、"适可而止"到宋朝之前的《资治通鉴》、漏洞百出的《续资治通鉴长篇》……不得已的后人只能用诸如《梦溪笔谈》、《涑水见闻》、《邵氏见闻录》等充满强烈个人色彩和为赚眼球的神话色彩的笔记研究三百年商业和诗书的文明——一切的猜测更多的是源于宋史的不真实，这是谁也无法回避的问题，简单如吕蒙正的死而复生。

尤其让人心动的是作者为中华民族曾经折断并且并未完全修复的脊梁的上下求索，为理想的实现放下世俗眼光对屈辱的理想的赞赏——

是的，我们曾经有无比坚强的脊梁，就像老秦人的"赳赳老秦，共赴国难"，就像汉武大帝的"明犯强汉者，虽远必诛"，就像直言敢谏的高峰魏征，就像与城墙一起残垣断壁入历史长河的颜真卿、张巡……直到所有的睿智都化入忍为屈辱的历事十一朝的冯道之殇，在那个武将的黄昏，在那个英雄的黎明，在那个文人弹冠相庆的梦魇中，我们的脊梁不可避免近乎被折断了。

武将们不是没有机会，但是唐朝藩镇割据的局面、五代十国一次又一次的反叛、赵匡胤自己的黄袍加身、赵氏宋朝窃取柴家天下的事实使得一切的一切都只能成为过往，"杯酒释兵权"释去的当然可以说是一些只有拥立之功的无能之辈，如果这样能让黄昏的武将们有些许安慰。一个证明长点儿的"出来混迟早要还的"而已，石守信们只是为朱温、李存勖包括儿皇帝石敬瑭还债而已。诚然一生不败的赵匡胤和半部论语治天下的赵普也曾经为武将们留下了一丝黄昏的晚霞，但是很小也很短。宋朝第一良将曹彬的粮道被劫、大辽战神耶律休哥的幽州解围、悲壮的杨业之死和潘美变成潘仁美的无奈、雍熙北伐的失败则为黄昏加上了最后一抹浓重的乌云。无论是文人出身的范仲淹、章惇还是打出来的王韶、张岊，他们都没有错，他们只是败给了阴影中的赵匡胤、赵光义、赵普，败给了赵宋对尚武精神百般设限的制度框架。

英雄们也曾经看见了黎明的光辉，那一缕闪电的光辉是那样的闪耀，曾经照亮李纲守卫开封的努力，曾经照亮宗泽聚集的百万民兵，曾经照亮吴阶的大散关和仙人关，曾经照亮韩世忠永远的以少胜多，曾经照亮虞允文书生的勇气，也照亮岳少保的百战百捷……可悲的是那抹光辉终究只停留在黎明中，最强将军最壮丽的北伐换来的却是杨再兴令人胆寒的悲歌、张宪岳云无辜的恨泪和风波亭淋淋的斑斑血迹，"岳飞，做了一生正确的事，却被整个上层建筑所抛弃"，于是那段连接脊梁的筋血也开始风雨飘摇。

在时代的光辉中没有谁能幸免于难，除了创造时代的文人，赵匡胤给了他们永远的丹书铁券，半部论语的赵普也曾倒在投机倒把的卢多逊手中。"之乎者也，助得甚事"的祖宗遗训最终淹没在真宗"书中自有黄金屋"的《励学篇》中，当永远加了光环的赵光义像撒面包一样将官帽洒遍神州大地时，文人的弹冠相庆只是时间的问题。善者如一生一直坐电梯的寇准，如三百年第一人范仲淹，如瑕不掩瑜的章惇；恶者如一字千金——哦，是改一字千金——的夏竦，如完成千古巨著的司马光——相比冤枉，私以为高天流云的分析是八九不离十的，如赶走李纲的汪伯彦、黄潜善。终于在那场伟大而且不断被继承的党争中，"先辈"们亲手埋葬了最后的希望——王荆公和他与宋神宗呕心沥血的熙宁变法，捧出了邪恶土壤里培育出来的邪恶之花和以之为首的六贼，直至借尸还魂变本加厉的秦桧——"新旧两党无数党徒是毒虫，那么蔡京就是互相咬噬中存活下来的唯一的那一只。他，成'蛊'了。"从此民族的脊梁只能靠筋血相连，"也就是从这时起，汉人在政治上胆怯到了不敢出声的地步，代代相传，直到今天这种习性仍然不能根除"。

任何的理由都貌似有理，貌似忧国忧民，貌似在为天下苍生。鬼知道正是弹冠相庆的文人在赵氏宋朝编织的梦魇中，"脑袋瓜子上顶着为国为民的幌子"将历史装扮成如今的样子。

同样难以逃避的也包括那些所谓刚毅的君子，历史曾经有那么多可能转折的瞬间，如果范仲淹的君子党能对夏竦的诽谤充耳不闻，如果王安石能对司马光之流的喋喋不休不那么妇人之仁，如果岳飞能委曲求全地抗争哪怕一点点……

> 一个不成熟男子的标志是他愿意为某种事业英勇地死去，一个成熟男子的标志是他愿意为某种事业卑贱地活着。
>
> ——杰罗姆·大卫·塞林格《麦田里的守望者》

相比之下更加值得欣赏的反而是杰克·鲍尔式的勇敢，"恶并不在乎手段，在乎的只是达到目的，而我所要做的就是阻止恶达成目的，我仅仅是适应而已"。

于是乎吕端演绎了精彩的大智若愚，于是乎王曾留了下来，于是乎李若水成了北宋末日狂欢中浓墨重彩的一笔……相对的，更多的光辉的理想在君子被强奸的道貌岸然下无尽的屈辱：范仲淹的君子党愤愤然全体辞职；王荆公的变法在轰轰烈烈中倒下；李纲的拳拳爱国之心终于没有守住繁华已成过往的开封胜景；千万将士浴血奋战的灵魂埋不过文人们卖国求安的心——狄青的悲剧、王韶的悲剧、宗泽的悲剧一次又一次响彻壮丽的山河却只是为了烘托岳飞沉鸷的战绩映衬下的无奈的呼喊。

> "近中原版荡，金贼长驱，如入无人之境；将帅无能，不及长城之壮。余发愤河朔，起自相台，总发从军，小大历二百余战。虽未及远涉夷荒，讨荡巢穴，亦且快国警之

万一。今又提一垒孤军，振起宜兴，建康之城，一举而复，贼拥入江，仓皇宵遁，所恨不能匹马不回耳！

今且休兵养卒，蓄锐待敌。如或朝廷见念，赐予器甲，使之完备，颁降功赏，使人蒙恩；即当深入虏庭，缚贼主，蹀血马前，尽屠夷种，迎二圣复还京师，取故地再上版籍。他时过此，勒功金石，岂不快哉！此心一发，天地知之，知我者知之。"

——建炎四年六月望日，河朔岳飞书《五岳祠盟记》

《如果这是宋史》是一部好书，仔细玩味可以从中提取我们民族决计不能失去的东西，比如气节、比如理想、比如脊梁。

2012 年 11 月 22 日

哪怕只为人人皆得做圣贤的梦

——荐许葆云《王阳明》

德才兼备 北航芬芳遍天下；

知行合一 中法桃李誉瀛洲。

借着师长抬爱和公司的支持，有缘参加学院十周年校庆，一副拙劣的对联聊表对母校和学院的祝福。

"知行合一"，好熟悉的字眼，不仅仅因为它是校训，更因为东乡平八郎"一生俯首望阳明"的叹服。

在近现代的历史上，这确是少有的、能来自东瀛邻居的赞誉，亦是我心中莫名的荣耀。

仅从历史小说或人物传记的角度，许葆云的《王阳明》称不上是上上之品，至少相比《大秦帝国》或唐浩明的"晚晴三部曲"（《曾国藩》、《杨度》和《张之洞》）差距很明显，比前者人物太少，比后者时代久远，在信史相对缺乏的基础上编辑三本之巨的著作，书的历史感和人物的饱满性自然就差了很多；过多剧本式的旁白再次减少了这些本应增色的元素。

但依然很推荐许葆云先生的《王阳明》，因为章回体小说的"信而好古"，因为哲学在书中的演绎，因为致良知的中心，哪怕只是因为人人皆得做圣贤的梦。

感谢后主孟昶的创作，他虽不是个好皇帝，却为中国文化留下了光辉灿烂的遗产——楹联。下里巴人于民间有千家万户的中堂条幅与春之祝福，更多的阳春白雪于中国古代文化中，或为寺庙宫殿之题词，或为景观遗迹之篆刻，更或为章回体小说的题目，一如恢弘夺目的"四大名著"。

感谢许先生的努力，用心地发扬了这样的传统，使之历经蔡东藩、金庸等大家久而不息，如果说普通篇章如"血祭良知正德听谏，泪镌诚意唐寅回心"只是叙述或者文字游戏，那么"人进鬼域事事似鬼，心在牢笼处处如牢"则对仗工整寓意长远了。

许葆云先生正如王觉仁先生一样，他们不比当年明月力求历史之精细和语言之活泼，许先生和王觉仁一样，是文人、是骚客，追求的是文字工整甚至于求全责备。

如果在论良知时"满眼都是灰暗满心都是颓唐"的简单推理仅仅是对佛家语"看天不是天，看水不是水"自然而然地见贤思齐，"前日剿桶冈、横水，是以阳驱阴，以正克邪；今天招抚卢珂和池仲容，是以阴承阳，以正引诚"是确乎兵法，先生描写江西省府十四个四字短语等又何止"僧敲月下门"那般凝练。

正如他自己所说"抬头看天蓝，低头看草绿，水清云白，花木扶疏，鸟语虫鸣，处处是美"，先生本身就是愿意思考、肯去感悟的存在，至少文字上是这样的巨擘。

记得木心在《文学回忆录》中说"帕斯卡现象"，"他的思想都是通过文学留下来的。神学家不理会他的文学，放过了。文学家也只注意他的警句，不在乎他的神学思想——那些句子夹在神学思想中，沙里淘金，才能留下来"。

甚至很偏执于这样的小伎俩，把哲学或思想融于优美的散文诗、众口相传的传记、脍炙流芳的诗词，我想许葆云的《王阳明》约莫也会有这样的作用，因为许先生不仅仅是文人，至少相对我而言也算是哲学家，或者说很大可能是阳明心学的笃行者。

记得400多天之前，余忝荐阳明子的《传习录》，那时候只说"如此简单"，但对阳明先生"致良知"的功夫却有些"道可道非常道"般无法言说。

我想应该是许先生读得更明白吧？是否真有"修到残破自不修，为至尽处且不为"等的玄理我不能明白，是否"以主驱奴"的绝决我亦不敢妄论，但至少书中说"软弱的人就容易昧掉良知"、"不能事上，何以为下"之不是"致良知"是肯定的。

如果不能证明，证伪也是一种进步。

至少我们知道，致良知是要引诚意，是要破"奸猾"，其实我一直认为中西方哲学是彼此相通的，如果没有张岱年先生那样的勇气和魄力，很难彼此区分，也正因此当时读《传习录》一直不敢相信阳明子所谓"致良知"的核心中有包含"诚"，是《王阳明》让我释然了。

同样释然的还有三教儒释道的统一：

"儒释道三教同源，但儒家的根底最后。道家讲一个'虚'，佛家讲一个'空'，儒家所讲的其实也是'虚'、'空'二字。可道家佛家，都讲究一个'出家'，只顾自家修行，不问民情世事，无形之中就把圈子画得小了些，没有儒家的志向那么大。"

书中有些值得商榷的引导，比如阳明子和湛若水的关系，很容易让人以为两者学问也是一般，而实际上"王湛两家哲学之殊异，在于王专重内而湛则讲不分内外。所以阳明人生思想之主旨是'致良知'，而甘泉人生思想之主旨则是'体认天理'。"

但，更多的，我不知道作者在这样描述时是否真的期许过像我这样普通读者的共鸣，亦或只是为了埋合阳明子由道到儒，又出世又入世的潇洒，非有深厚哲学功底是难能达成这样的目的的。

说得粗浅点，非哲学研究很难真正区分"聪明"和"圆滑"的，尤其在世俗中；非深厚的阳明研究很难把其学问之唯心论自然而然地兑现于唯物主义文化的书本中的。

也只有哲学家能冷血地还原真正的王阳明，阳明子是圣人，是少有的可以"立功"、"立德"、"立言"皆成功的圣人，但他首先是人。

也曾经纨绔而任性，也曾经蜻蜓点水般浅尝辄止，也曾经差点与最终的成就擦肩而过，就像留名者唐寅、刘健、谢迁、李梦阳、戴铣，更多的如淹没的无名者。

"幸亏王守仁的一生并不是这样度过。早年间他几乎与龙场擦身而过，却终于看到了龙场的美，于是融入了世外桃源；他几乎与圣人之学擦肩而过，却终于悟出了圣学之真，于是豁然而有良知；他也几乎与杏儿擦肩而过，却终于明白了杏儿的心事，于是温情脉脉，总算不负佳人，而且有了一个儿子……"

用佛家的话说，他顿悟了，就在与"陆之谦争辩'圣人诛少正卯'时"，像他的前辈陆象山发端心学时一样，也像自己的后辈王艮一样，他的恬淡帮他躲过惨死狱中的悲剧，他的胸怀帮助他赢得了龙场悟道的良机，他的实事求是帮助他得到了王晋溪的大力举荐而一举成功……他是心学的，他是发端于孟子的儒家的，传奇的色彩又让他自然而然于佛家"顿悟"的神秘。

说穿了，阳明子有自己的思想体系，能就心学之大成，他更是普通的，正如书中他悟到的真谛"人人皆得为圣贤"。

仅此，哪怕只为我们诸君皆得为圣贤的梦，余再忝荐许葆云先生的《王阳明》，奇文共欣赏，疑义相与析。

2015 年 8 月 11 日

原谅他为理想主义一生忙活

——荐唐浩明《张之洞》

"他这一生都白忙活了"，这是老友桑治平对张之洞的感慨。

我相信这不是唐浩明先生的感慨。

因为很多既有的成见，一直在犹豫要不要读《张之洞》，对于权相的他，有着太多难以接受的事实，比如他的好大喜功，比如他的恃才放旷，在我的心中，张香涛是比不上曾国藩那种脚踏实地、功名和著作皆得令人景仰的成就的，也比不上杨度的潇洒，或者说不像受人非议的杨度那般值得同情。

直到偶尔无聊还是看完了唐浩明先生的《张之洞》。

"以正合，以奇胜"，我相信唐先生是个理智的人，所以相信在他自己的心中，三人的排名或许张香涛还会高一点点。

少年成名而历经磨练，两榜探花而洗马多年，读圣贤之书，行君臣之道，危难之际挽清朝大厦将倾于即倒，能对中国文化了如指掌，也能接受中体西用的新鲜血液，出将入相。

从中国的历史和文化看，这就是楷模，正如当年的李勣一样。

也正因此，私以为《张之洞》才真正是唐浩明先生的寄托，有学识之渊博，有治世之妥协，有主义之理想，也有一些诗文楹联甚至集句的个人消遣。

书中无数次提到《书目问答》，虽还没有看完全本，确乎是治学之作，凡图书两千二百余种，的确是解决"应读何书"和"书以何本为善"之问题的上佳之选，作为前辈，张之洞这方面的贡献绝不在梁启超之下，肯定在他评判的康南海之上。

学识之渊博说的是张之洞，更是唐浩明先生自己。

恕我学识浅薄，面对"焚琴煮鹤"、"腹笥"、"貂珰得势"、"胸襟光霁 克享遐龄"等的短语还需要时不时借助下字典或者百度，一直用的"易子而食，析骨而炊"在唐先生这里居然有更恐怖的"易子而食，析骸以爨"……

至于黄鹤楼或者"有大禹之镇石，留黄鹤之遗响。鲁肃墓长眠忠厚，孔明灯烛照愚氓。万古悲愤，三闾魂魄今何在？千载知音，流水涓涓绕高山。灵龟伏北，金蛇盘南。遥望赤壁烽火昨夜息，又见小乔今宵宴周郎"的湖荆描写更如信手拈来，不着痕迹。

多美的语言！

更多的更深刻的却是"学成文武艺，货与帝王家"的治世学问，最不喜欢或者感叹的就是杨皙子度的碌碌：

"读圣贤书，千万不可沉溺其中而跳不出来，光只会记忆古义、背诵笺释、寻章摘句、吟诗作赋的学究，不能算是读通圣贤了。圣贤大义，乃在于淳厚民心，治理天下，即经世致用。又说身处乱世，当首在拯民，拯民先要除暴，除暴须仗强兵，故兵略不可不研习。"

相比于张佩纶、陈宝琛的悲剧，张之洞是幸运的，幸运而光荣地保住了清流一派"身为疆吏，固犹是瞻恋九重之心；职限方隅，不敢忘经营八表之略"的赤胆忠心和能臣干吏之口碑。

好读书而不能读死书，虽然不喜欢慈禧，但是我认同唐浩明先生借老佛爷之口所述的用人方略——"清流人物可以做言官，也可以做学官，但不能做实事，更不能担当重任，因为他们不懂得现实世界与圣贤经典之间的差距有多么大，也不知道'闭门造车易，出门合辙难'的道理。"

说得好听些，"都不是稳重成熟的务实干员"，说难听点就是纸上谈兵。

治世是需要妥协的，因为政治是讲平衡的——尽管身在其位的多讳莫如深，生活甚至也如此，就像张之洞一生反对鸦片，老来却发现自己已经吃了十多年鸦片水泡的人参一样——例子极端了一点，道理是相通的。

"任何想把人间建设为天堂的最终只会得到地狱"，这就是现实，"外师造化，中得心源"，不忘初心即可，至于外师造化我们当然不提倡不择手段，但"求全责备"的结果多半应该是"水至清则无鱼，人至察则无徒"。

用这样的观点看，张香涛拆借银行、重开赌闹甚至于听信陈衍建言超发货币似乎都其情可悯了——对第三点这样的思绪仅仅一闪而过，对百姓不利的事情任何时候都是不可原谅的。

身为封疆大吏，张之洞就是这样妥协的，他明白建言献策应该撇清皇族的罪责，他懂得为官在朝当不得罪于巨室，他甚至也为葆庚、为曾国荃妥协过，只是不那么明显而已。

一切以利国利民为目的，或许是他对"心源"的理解超越了同侪的清流吧？

唯一不变的是理想主义，他答应桑治平绝不贪污腐败，他也确实做到了，即便在江宁节衣缩食甚至使用变戏法的小伎俩，香帅终于也没有倒在糖衣炮弹面前。

就如之前在推荐《杨度》时自己认为的一样，唐先生的三部曲都是有两条主线的，以前我分不太清楚，直到《张之洞》我明白了。

先生秉承的无非是"内圣外王"的古典哲学，所以在主角之外总有先生自己向往的修为——"素王"的修为，在《曾国藩》是王闿运，在《杨度》还是王闿运，在《张之洞》则换成了桑治平。

很羡慕桑治平"云游天下"的壮举和丹青笔墨的洒脱，比张香涛之潇洒何止胜过一二。他说"名利不必去追求，事业也不是你想做就能做得成的，人的生命只有一次，好好地享受人生才是正事，而人的生命也只有融于天地造化之中，才能得到大美；必须跳出名利场这个小圈子，才能进入大境界"，这是自己的追求，至于"世上许多杰作妙品都出自民间无名之辈，他们不想扬名谋利，故反而能得物理之精奥，而那些沽名钓誉之徒，才得皮毛便迫不及待向世上夸耀，汲汲以求名利，反误了正业"就已经有对张之洞的劝诫了。

只可惜张之洞好像并没有听明白。

也不屑于听明白，年少成名而高中探花，这样的履历让香帅对袁世凯的巴结是那么的不屑一顾，又何寄望于他能在鲜衣怒马中戛然而止呢？更何况洋务事业对张之洞而言本就不是好大喜功的面子工程，而是千秋万代的强国之本。

他没有错，他没有相应的见识和磨练，理解不了估计也不屑于理解曾国藩的沉稳，所谓的忠君体国一则慈禧太后确实对他擢赏有加，更多的源于孔孟道义。

归根结底，张之洞是个典型的读书人，笃行的是孔孟道义，就宛如他鼓励的《劝学》一样，中体西用是策略更是限度，他喜欢还是中国文人的根子，也包括花蕾，比如山川景色，也比如诗文联赋，以至于袁世凯一句恭维他为自己兄长写的对联就让他打消太多的芥蒂和防备。

　　到底是张之洞本人还是唐浩明先生自己的创作，我觉得没有必要去考证了，只管尽情享受即可：我最喜欢的是论诗的那节，喜欢"清晨登陇首"、"明月照积雪"、"高台多悲风"、"思君若流水"等的状景佳句，也喜欢"旧学商量加邃密，新知培养转深沉"的情理之言，更多的是喜欢张之洞本人"学唐诗，若不得风流之精髓，则易入轻浮浅薄一路。学宋诗，若不得筋骨之要领，则易入生硬说教一路"的兼长二风。

　　事实上，张的文采风流在书中也的确可见一斑。

　　只要主义是理想的，为理想的努力又有什么错呢？我相信至少张香帅很享受这样的过程，这样为理想主义一生忙活的过程，只要有享受也就无所谓"白活"了。

　　书也有一些小的错误，比如有说苏东坡的六大乐事，好像苏轼本人说的是十六个，略作分享来结束对唐先生《张之洞》的推荐，也希望诸君共同享受这样的怡然：

　　　　"清溪浅水行舟；微雨竹窗夜话；暑至临溪濯足；雨后
　　　　登楼看山；柳荫堤畔闲行；花坞樽前微笑；隔江山寺闻钟；
　　　　月下东邻吹箫；晨兴半炷茗香；午倦一方藤枕；开瓷勿逢陶谢；
　　　　接客不着衣冠；乞得名花盛开；飞来家禽自语；客至汲泉烹茶；
　　　　抚琴听者知音。"

2015 年 8 月 31 日

睁眼看，尺度更大一点

——荐斯塔夫里阿诺斯《全球通史》和王伟《看懂世界格局的第一本书》

"由尚未使用文字的诸原始民族发展起来的累积的知识、技能、工具、机械和技术，为文明和所有高等文化奠定了基础。看到诸原始民族在技术水平上，在许多方面和当今是如此接近，真令人感到惊奇。"

语出 Leslie A. White，本身的评价足够勇敢，评价的对象更令人尊重。

大儒，无论哪个时期，一般而言都有很好的国学造诣，经史尤甚，思想一下不难理解。其一，二者本就一物，"以事言谓之史，以道言谓之经"；其二，所谓经（我理解为哲学）或者史（我理解为历史）从来魅力无穷，于肤浅而言，"指点江山"的豪情借信息的不对称乃是自然，于内涵而言，"以史为镜，可以知兴替"，所幸的是太宗皇帝和大儒们谦逊地选择了后者，就如 White 所尊重的一样。

目前和之后很长一段时间我当然只能属于前者，但这样的自省并不影响推荐两本不错的书——斯塔夫里阿诺斯《全球通史》和王伟《看懂世界格局的第一本书》。

两本都和历史相关，又不仅仅属于历史——它们看世界的尺度更大一些。好比两扇高矮和透明度正好的观察世界的窗口，太高可能过于形而上，太矮则局限性很大，再或者就是一家之言，空气中水汽过多、太重，世界反倒看不清楚了。

这两本刚刚好，斯氏的尤其，《全球通史》用纵向的眼光和恰如其分的尺度很好地诠释了世界的发展；《看懂世界格局的第一本书》则更专注了横向的比较和分析。

斯氏的书很齐全，齐全于发展，齐全于范围，齐全于分析，也齐全于每章前恰到好处的名人名言和每个时代之后对人类发展的思考。

书从公元前3500年人类作为食物采集者开始，一直到冷战结束和作者定义的第二次工业革命为止：从人类文明在两河流域的兴起，到小麦、牛马羊、犁等在中东的驯化或发明，到四大文明古国，到汉帝国、神圣罗马帝国的交相辉映，到游牧民族的东征西讨，到伊斯兰教的兴起和哈里发们的穆斯林帝国……终于，为了"神"，西欧人"不得不"开启了大航海时代和朗姆酒、布匹、枪炮，奴隶和蔗糖、烟草、金银的三角贸易，接踵而至的工业革命造就了西方在过去直至现在很长一段时间内的领先地位。

每个时期书的范围都很广而不是只有当时的主角，因此也很细。从文明的起源和传播角度将欧亚大陆的文明细化为巴比伦、希腊—罗马、印度、中国，从主角的不同将以往笼统的"中世纪的黑暗"切割为伊斯兰文明、突厥和蒙古的侵略，当然也没有忘记缺乏太多文字考证的非洲、美洲和澳洲……

可贵的是书的分析，前年的8月19日推荐钱穆先生的《国史大纲》，题目是"思考及贯通的一家之言"，越来越觉得真正的历史至少通史或者大纲就应该如此，只能是对历史思考之后贯通的理解，是一个道理或一套体系。

《全球通史》堪称典范。宏观上，如希腊将"东、西方各自独立发展的模式"合二为一的功绩，如每个特征时期主导者对世界其他部分的影响，亦如书最后大篇幅的工业革命对生态、种族、性别、战争的推演阐释；局部中，如"日本精神、中国知识"、"东方道德、西方技艺"，如法国殖民地的"祖先高卢人"的历史课本，亦如中国文化独立发展的地域特征和皇权神权的高下不同……

更重要的，作者的分析有自己的主线："技术变革能提高生产效率和生活水平，所以很受欢迎，且很快便被采用；而社会变革则要求人类进行自我评估和自我调整，通常会让人感到威胁和不舒服，因而也就易遭到抵制"。

蔡泽说"日中则移，月满则亏"，这种朴素观点一直存活在历史的长河中，就像维萨里开启近代解剖一样，弱势者为了生存只能追求于技术变革，技术变革的传播是必然的，之后是阵痛，最后局部甚至整个世界为之重建。

是的，整个世界，因为一直是纵向和横向并存的。

很早就读了《看懂世界格局的第一本书》，当时更多记得的是王先生"'削中间，补两端'为左，'削两端，补中间'为右"的定义，至今为止我仍觉得书中的阐释是精彩、易懂的，也成功地将皇权（上）、士大夫（中）和平民（下）的王朝循环要素放进了作者观察世界的窗口。

网上对这本书的批评很多，有的说无异于《货币战争》，是彻底的阴谋论，我不置可否，因为我知道的并不多，从某种意义上讲，除了生产力和生产关系的辩证演进和左右理论，关于这本书的推荐也有对斯氏

《全球通史》的中和作用。

好比吃药一样，斯氏的书或许药性太烈了，不仅有用，也或有毒：我不全相信书中的内容，有些是因为翻译的原因，更因为面对圣经黄金交换的事实去相信西方的虔诚确实勉为余难，尤其是当斯氏也例举"吉卜林的时代欧洲人几乎被认定是上天注定的统治者。在印度，他们被恭敬地称为'大人'（sahib），在中东被称为'先生'（effendi），在非洲被称为'老爷'（bwana），在拉丁美洲被称为'恩主'（patron）"时，当作者或隐或现地赞同"有力量者应该有所获，能有所获者应该保持所获"时，我只能嗤之以鼻两个字"呵呵"。

观察世界的窗口应该是全方位的，有纵向的发展也必须有横向的环境，前者是斯氏擅长的，历史的规律也确有其不可逆转性，后者则是王氏尤善的，也更具事在人为的努力之必要。

用王伟先生的话说"发达国家与发展中国家之间，精英层与普通平民之间进行的是一场零和博弈"，说白了，生为中国人，为"中国才能真正有资格进入'比较优势俱乐部'"的努力是我们与生俱来的使命，也是人在历史规律中仅可以有所为、之所以区别于动物的对横向环境的改变。

高尔基说："读一本好书，就是和一个高尚的人谈话。"我觉得听斯塔夫里阿诺斯讲世界的故事和听钱穆讲中国的故事一样值得，所以推荐《全球通史》；李时珍说："大豆解百药毒，予每试之，大不然，又加甘草，其验乃奇，如此之事，不可不知。"我觉得斯氏的书有些偏重有待验证的主观引导，欠缺横向环境不确定性的考量，所以推荐《看懂世界格局的第一本书》。

2014 年 10 月 19 日

旁征博引的手和融会贯通的眼

——荐陈寅恪《魏晋南北朝史讲演录》

"乱世对于后世研究者来说是很精彩的，我喜欢看魏晋南北朝和五代十国的书，但对于当时的老百姓来说却是灭顶之灾。"

"亡，百姓苦；希望兴，百姓不苦。"

读完陈寅恪先生的《魏晋南北朝史讲演录》，我发了朋友圈，小做推荐，以上是楠哥和我的对话。

事实上，这段历史我知之甚少，因为我可能接受不了，相比于这样的乱世我更喜欢大一统的谋略和制度盛世下的"垂衣天下治，端拱车书同"。也看过一些记录南朝政治和历史的书，甚至书名都忘记了，脑海中能留下的依然只是"元嘉草草"的遗憾和"人道寄奴曾住"的想当年，再不然就是刘、萧等匪夷所思的家族残杀。

好在有先生——"治学之广是非常惊人的"（季羡林语）帮我弥补，更准确地说是讲解和贯通，酣畅淋漓地贯通。

这两天推荐《遥远的救世主》，特点之一便是精炼，没有废话，丝毫不像日常生活的人情世故；然《遥》终究还是小说，而先生之书更像著述的经典了。

本来嘛！书的名字也是讲演录，不难想象先生讲台上的样子，凡所述皆万般上品，融会贯通了五胡十六国的金戈铁马和宋、齐、梁、陈的窝里横，再旁征博引到经、史、子、集让台下的学生仰望"真的是这个样子哦！"

一如钱穆的《国史大纲》，只不过这个是简体横版的，但是刚刚好，不避讳大段的引用，间或些文字，不少只是引用之间的连词——却都无所谓，字字珠玑，甚至于珠玑得有些过分。

几多无聊，更是一种尊敬，春节在家的时候我对书中的引用进行过一些统计——有《晋书》、《三国志》、《旧唐书》等史学典籍17部；有《抱朴子》、《庄子》、《论语》等各家论著或文集22部；有《竹林七贤论》、《大唐西域记》等笔记图志类10部；还有《盂兰盆经》等3部佛学与《声明论》等5部音韵类论述——这当然是不完全统计，旁征博引可见一斑，各个典籍交义出现，没有融会贯通的思考绝无可能。

几天前猜了几个谜语，印象最深的莫过于谜面是"卧冰求鲤"打两个中国城市的名字，诸君有兴趣不妨可以猜猜看，很有趣。

先生之讲演录的诱人之处之一也在于书虽然是宏观的书，却并没有局限于帝王的更替和将相的荣华，有如关云长"单刀赴会"，有如祖逖"闻鸡起舞"，同样没有丝毫吝啬过对于平民百姓的笔墨，于是不乏王祥的"卧冰求鲤"（至于他和何曾、荀顗的位极人臣则是后来的事情了）。

先生还专门说了佛教，说到了顿渐之分，考证和阐释了佛教对音韵的影响……

精通多门外语，据说过目不忘，真的学贯中西……先生之牛或许说半天也说不完，最经典的评论应该还是算"打通文史哲"吧？

对于那段历史酣畅淋漓地学习甚至是重塑也就真的成为如沐春风："州郡罢兵"与"分封诸王"如何关系，清谈误国（尽管我现在好像也没有怎么明白"格义"）缘起始末，五胡次序如何，而"黄须鲜卑与白虏"又当如何考证，北方胡族的汉化和反汉化的演绎中有什么偶然和必然，晋代人口的三向流动起因是啥，影响几何……

更比如我一直纳闷黄巾起义几乎"黄天当立"，为何能消逝得迅速而无影无踪。在书中我看到了赵王伦、刘伯根、王弥、张昌、李特当然还有孙恩和卢循。我一直觉得南朝政权基本就是一团乱麻，书中我看见了东晋与江南朱、张、顾、陆也包括周、沈的结合（好多三国中熟悉的姓氏，一切都简单了许多），看到了楚子集团和南朝土著的迭替；我一直——在看了电视剧《贞观长歌》之后——认为府兵制和募兵制等革新是太宗朝的事情，觉得杨李两家作为北周朝廷的权臣和中坚必定也出于北方六镇，看了书才明白原来是宇文泰对抗北齐的变革，隐约的疑问终于得到些解答；我当然也一直认为《桃花源记》是晋武陵人的事情，书中关于北方坞堡等的研究尤醍醐灌顶。（突然很好奇这段历史，《神探狄仁杰》中关于铁手团也提到了它，好神秘的感觉）……

以上种种都很精彩，精彩在旁征博引，精彩在融会贯通——不，或许上面只是犀利而准确的思考，先生作为学者乃至大师，真正融会贯通的应该是一种方法或者体系，略为援引几例吧？用先生书的内容表达一些敬意，因为没有什么比这凝练的语句更适合推荐。

先生说宇文泰的关陇政策："除推行关陇物质本位政策如府兵制之外，宇文泰还需要一种独立于东魏及萧梁之外的关陇文化本位政策，以维系胡汉各族的人心。关中为姬周的旧土，宇文泰自然想到周官。他采用周官古制，用心只在维系人心，巩固关陇集团，而不是像王莽一样，事事仿古，拟古。就整个关陇本位政策而言，物质是主要的，文化是配合的。"

无论是弘农杨氏还是陇西李氏，能从群雄中脱颖而出应该要感谢宇文泰，对于文化、郡望和军队的整合需要过程，更需要智慧、经验和压力。

先生说封建制度和君主集权的关系："中国的君主专制制度要求集权于皇帝一身。至于如何集权，则视时代的不同而各有其方式。但有一点是相同的，即在一个系统或一个机构中，名实不符；在不同系统之间，此一系统的权力为旁一系统所侵夺。这是一个通则，非仅止是南朝如此。不然，皇帝便很难把大权都抓到自己手上。这个问题是容易理解的，如果各个部门、各个地方、各个官吏都有实权，名实相符，互不相妨，那皇帝还能有权？"

好像……

最重要的莫过于先生分析魏晋南北朝历史的视角和方法，如果说《松山战役笔记》是典型的微观史观，《世界通史》是高级的宏观史观，陈寅恪先生用阶级分析的方法无疑是两者之间最好的桥梁，乱世兵燹一下子变得清晰了，甚至竺道生创立顿悟义也在阶级、人事变动中成为必然：

没有什么比氏族或者门阀更能代表乱世中各力量集团的发起、成长、壮大直至衰退，而此风方面魏晋尤为重。不用被"寒儒"的谦称蒙蔽了，儒家名教在大部分的时间里真的是豪门，不然两晋那种让人发指的奢华也就无从谈起，布衣卿相的大约多是法家的寒门天才吧？

有了阶级作为线索，三国两晋原来如此简单：曹操是寒门，所以"唯才是举"；刘备和诸葛都是寒门，荆襄之变和蜀汉政治都是明证；孙权是贵族，至少和吴越六大豪族结成了联盟，所以不屑曹操乃至于偷袭刘备；袁绍和司马懿都是名教豪族，与曹操当然势难两立；终晋两朝，不过是豪族的游戏而已，或者私以为是汉武帝"罢黜百家，独尊儒术"在政治上的极端演化；刘寄奴曾经短暂地逆袭过，孙恩和卢循之乱也疯狂过，终于还是在阶级的队列中消逝了；竹林七贤等也自然在政治中不断地被争取而至消极……

寒族能逆袭，只是魏晋南北朝史是个特殊的年代，有太多的对立，于是有太多的血腥；有太多的继承，于是有太多的阻碍。

突然很费解，同样是寒族逆袭，刘备咋就不能和曹操合作共赢呢？想想也是，估计老是"中山靖王"口号后覆水难收只能接着装吧？于是被对家家里的高富帅和另外的高富帅给阴了，多少有点感觉"冷冷的冰雨胡乱地拍"。

封底，周一良在《纪念陈寅恪先生》中说：

> "在司马光之后把魏晋南北朝史的研究推进到一个新的阶段，陈先生把敏锐的洞察力与缜密的思考力相结合，利用习见的史料，在政治、社会、民族、宗教、思想、文学等许多方面，发现别人从未注意到的联系与问题，从现象深入本质，做出新鲜而令人折服、出乎意料之外又入乎意料之中的解释。"

粗读了一遍，春节期间又翻了一些，周先生之言不虚，《魏晋南北朝史讲演录》，值得看看。

2015 年 3 月 12 日

第 3 部

纯文学之大美，感哲思之致深

LISTEN TO THE VOICE OF QUIET

从疯狂的科学说开来去

——荐 Richard Dawkins《自私的基因》和曹天元《上帝掷骰子吗？》

诸君不必望文生义，我不会也没有想去争辩《BIG BANG》的情景美剧是否应该被禁播，事实上虽然我喜欢看，但我相信暂时地禁播应该大约肯定是有原因的，只不过我等不知道而已。

很庆幸自己高中浅尝辄止地学习过一些生物，尤其是遗传学，更加庆幸自己能从号称最难的应用物理专业毕业（虽然回头看看那些近乎恐怖的课程自己怎么想都好像是混过的），最近有闲又做了好多数学的东西闹着玩（现在的工作让思维发散了，再去看看追求收敛的数学大约是很有用的），我得以比以前更看得懂一些 Richard Dawkins 的《自私的基因》和曹天元先生（好吧！我姑且就认为这是先生的真名）的《上帝掷骰子吗？》

我当然更喜欢后一本，应该是对自己所学的钟爱，虽然学习得不一定怎么好，但是说出去一些比如量子物理、量子化学物理等的学科，好像真的是很唬人。

我很喜欢曹先生写作的笔法，当然更喜欢他渊博的学识（能看见"两朵乌云"和"量子"的英文、德文原版真的是一种莫大的享受）和对物理规律的理解，最重要的是曹先生能恰如其分地将两者合二为一。

书当然本身只是史话，这是个很好玩并且很有用的界定，"史"说明说的基本是真事儿，是一种让人有章可循的边界，"话"就留足了发挥的空间，约摸可以理解为历史小说，加上科学这个噱头还是20世纪基本上唯二最伟大的科学之一（另一个当然是相对论），只要书足够好，想不吸引人都困难。

《上帝掷骰子吗？》就是这样一本书，我当然说的是曹先生的这本，不是 Ian Stewart 的，那个我没有看过，不过听说也不错。

书中有的是那种美妙的景色描写，一如德布罗意出场的巴黎；有的是那种浓浓的氛围渲染，一如贝克勒尔发现辐射；有的是拟人化的比喻，一如贯穿始终的波动方面军和粒子方面军的战争；甚至有将波函数的坍缩幻化成令狐冲独孤九剑和赵子龙百鸟朝凤的很好玩的武侠解释……

可读性自是不必说，书又力求完美地尊重了历史，尊重了科学的历史，尊重了那些曾经并将永远伟大的天才们创造（是的，在科学的世界里我越来越相信英雄的力量）的历史。记得有一篇曾经很火的博客或者说叫帖子吧？名字叫《大话量子力学》，很搞笑，如果您有空可以一读。

> "一样的延续着千百年的灯红酒绿，香榭丽舍大道上散
> 发着繁华和暧昧，红磨坊里弥漫着躁动。"

是的，这就是这个帖子的开头，和鄙人想推荐的《上帝掷骰子吗？》有异曲同工之妙，但后者显然没有那么大的演绎成分，于是德布罗意确实握有那一张（对，是一张）历史上含金量最高的论文，但也不是个不学无术的纨绔小哥，于是郎之万和爱因斯坦总算被还原成了纯粹的科学

家而不是那个 interesting 的无聊典故，当然薛定谔本人的生活作风还是有问题的，因为这大哥本来就是个花花公子嘛！

我自信自己算是学过物理的，好坏另说，曹先生的书就包括了物理万象，虽然书的副标题是《量子物理史话》，但是他并没有生硬地从普朗克的辐射或者爱因斯坦的光电效应开始，而且一不小心就将整个物理的光辉年谱说了个遍——谁让 1666 和 1905 那么伟大呢？从"每个人见得最多的东西"光开始到牛顿力学、到上帝的诗篇麦克斯韦方程组、到黑体辐射、到普朗克的量子理念、到爱因斯坦三败涂地的对哥本哈根学派的论战……到多世界/多历史/隐变量/退相干等等的量子解释，只要你对科学还有一点点的兴趣，这本书无疑是绝好的回忆。

书的脉络自不必说，书中很多插记也很有读头：没有理由错过那些诺贝尔奖的上阵父子兵，没有理由错过那些做错的实验隐藏的伟大发现，没有理由错过那些我们一直相信却可笑的科学谎言。如果书本身给你了乐趣——这几乎是肯定的——那有充足的理由去看看附录，无论是链接的网站还是那些英雄的名字对应的维基百科都能让人大快朵颐，肃然起敬。

说了这么多你一定想问到"上帝掷骰子吗？"很抱歉我也不知道，因为按照现在科学的发展，这个问题最后可能也会成为一个概率的东西，只不过现在刚刚好这个问题的波函数"坍缩"，因为我们作为观测者在问这个问题。

是的，这就是量子在哥本哈根学派的解释，如果说两本书有什么相同或者说我想"牵强"地解释为什么会把这两本书放在一起推荐，那应该就是唯美的数学，是不可知的概率吧？

Richard Dawkins 的《自私的基因》是一个很好的朋友推荐我看的，我很兴奋看了，也很高兴分享给更多的人，书基本可以等于生物加概率加博弈（也可以说是遗传加博弈），如果这三门科学是独立的话。

如果你是一个正在准备初升高或者高考的学生，在闲暇之余还想复习一下生物，《自私的基因》是非常不错的选择，因为作者没有避讳必要的公式；如果你不是，也会大有收获，因为你会看到博弈论，看到还击策略、试探性还击策略、鸽子策略、鹰策略、恃强欺弱者策略等生活中你可能无法抉择时可以选择的参考，虽然只是生物的科普，但是很实用，你也会懂得黑头鸥、螳螂、帝企鹅、海狸、无花果、榕小蜂等的自然界的生物难懂或者不难懂的行为选择。

其实这个是自然而然的，毕竟 Richard Dawkins 师从现代行为生物学的奠基人 Nikolaas Tinbergen，让他的理论成为空洞的设想几乎是不可能的，书本身在介绍遗传的知识，更在渗透为我们每个人自私的基因寻求ESS（evolutionarily stable strategy 进化稳定策略）的理念。所以作者成了一个叛逆者，很难不被书的题目所震撼，如果读到"略为自私的染色体大段和甚至更加自私的染色体小段"相信震撼已经弥漫，终于我们的道德崩塌在了"有性生殖具有混合基因的作用，就是说任何一个个体不过是寿命不长的基因组合体的临时运载工具"的刻薄和露骨中。

我们不相信，却又无可奈何，正如豆瓣上一篇评论中所说的，道金斯的理论几乎是无法证伪的，至少现在如那个曾经困惑我们许久的第五公设一样。

与之相对的，2002 年，另外一位演化生物学家 Jay Gould 仙逝，结束却又永久了他与 Richard Dawkins 的争论，Jay Gould 坚定地相信进化并没有预定的宏观方向，具体的走向充满了偶然因素，在他看来，人类只不过是"进化之木的细枝旁桠上萌发的一点意外"。

是的，你没有看错，又回到了贯穿这两本书的那个幽灵——概率；基本上《自私的基因》本身就可以作为量子理论的一个解释，在进化论波函数上的解释——我们当然是在用哥本哈根的解释——在 Jay Gould 的理论中一切都是概率，是概率的叠加，现在或者说人类在观测进化论波函数的时候在进化之木的细枝旁桠上萌发了一点意外——"坍缩"了，于是坍缩到了道金斯的自私的基因版的进化论的选择上，有些牵强，但是我很喜欢,尤其是喜欢道金斯的理论追求。

因为如果在波动和粒子之间选择的话至少现在我倾向寻求前者,在《上帝掷骰子吗?》中对普朗克的发迹是这样描述的:"在普朗克看来,维恩公式体现出来的这种物体的内在规律——和物体本身性质无关的绝对规律——代表了某种客观的永恒不变的东西。它独立于人和物质世界而存在,不受外部世界的影响,是科学追求的最崇高的目标。普朗克的这种偏爱正是经典物理学的一种传统和风格,对绝对严格规律的一种崇尚"。

作为一个物理人,我很喜欢这样的评论,很相信爱因斯坦的信念——Raffiniertistder Herrgott, aberboshaft *ister* nicht(虽然上帝神秘莫测,但他却没有恶意),正如自己对物理的喜爱让自己很早而且现在也还经常会幻想自己完成了统一场理论——当然我承认在我现在所感知的世界中这种波函数的坍缩很难预期,是的,诸君看见的这句稍微绕口的话就是量子的多世界解释的"量子永生"的变种。

很好玩吧?当然也很拗口,很累,科学,从来不会真的如野史中的德布罗意或薛定谔那般简单。

两本很不错的科普书籍,如果有空,休息前,推荐大家看看,睡了,晚安!

2014 年 4 月 28 日

法家之辉煌、"法家之大成"和法家之矛盾

——荐《商君书》、《韩非子》和李斯

　　最近读了一些古书，尤其是百家争鸣之战国的古书，私以为应该对当世之势略有启发，也尤其证明了国学大师钱穆在《国史大纲》序言中所说的"所谓对其本国已往历史有一种温情与敬意者，至少不会对其本国历史抱一种偏激的虚无主义，即视本国已往历史为无一点有价值，亦无一处足以使彼满意。亦至少不会感到现在我们是站在已往历史最高之顶点，此乃一种浅薄狂妄的进化观。而将我们当身种种罪恶与弱点，一切诿卸于古人。"

　　平日中孜孜以求的所谓反思、所谓抱怨多可以在历史的长河中找寻，不单单是找寻更可以避免魏晋时期之清谈，因为真正的思想家不仅仅可以发现问题，更加有应对的解决方法和执行办法。

　　推荐的大约应该是法家三杰，相信这样命名商鞅、韩非和李斯并不过分。商鞅完成了秦国历史的划分（商鞅之前的秦国和商鞅之后的秦国），韩非则向来为史学家们所称道为"集法家之大成"，李斯争议颇多，但

通古辅助秦始皇嬴政完成统一大业确乎无可争辩的事实。

私人之见，更愿意把商鞅看作法家之辉煌，不仅仅因为他的存在使秦国历史一分为二，也不仅仅是因为孙皓晖在《大秦帝国》中对他近乎神话的阐释或者嬴驷杀其身继其法的壮烈与哀荣，亦不仅仅是因为他更秦法之架构、执秦法之公正或收河西之兵绩，更多的是——他确乎法家之辉煌。

相比于韩非，他既是理论的架构者更是实践的成功者；相比于李斯，他既是先驱的改革家更是奠基的理论家。

当然，同《论语》一样，《商君书》也绝非出自商鞅之手，甚至可以负责任地说孙教授在《大秦帝国》之中不影响情节的猜测也是错误的：《错法》中"乌获举千钧之中，而不能以多力易人"所述为秦武王时期；《徕民》中"周军之胜"、"华军之胜"和"长平之胜"均出于白起之手；《定分》中"丞相"之官职也非秦孝公之时所有……但思想无疑是商君的思想，《更法》和《垦草》都是明证。

商鞅作为法家之辉煌而真正使人信服也正在乎于《商君书》。

他有发现问题的洞察力，绝非仅仅是"释法而以知，背业而以誉"的发现，而是深层次对问题的思考，如"秦之所患者，兴兵而伐，则国家贫；安居而农，则敌得休息"的明目如炬；如"若此而不服，秦能取其地，而不能夺其民也"的醍醐灌顶。

他有推行变革的理论依据，不仅包括士人熟稔的"前世不同教，何古之法？帝王不相复，何礼之循？"的名言，同样也包括我们并不能认同却也无力反驳的"愚者暗于成事，智者见于未萌"的霸气。

他有变革的大纲，即"奖励耕战"；有变革的大政，如《农战》、如《垦草》、如《立本》、如《徕民》、如《修权》……有切实而可行的解决办法，如二十条《垦草》令，如《战法》和《兵守》的攻守之道，如《境内》对赏罚的明晰规定……有使法令得以推行的办法，如《定分》、如"刑九赏一"、如改变"国皆有法，而无使法必行之法"的执行力，甚至是对敌国"春违其农，夏食其食，秋取其刈，冬冻其葆"的"无耻"……

当然，需要承认，在那个特定时代实用的《去强》和《弱民》等是现代社会极力需要避免的，但总而言之，《商君书》的伟大确乎至少堪比现在所谓完备的欧美法律体系，很多观点至今也将永远熠熠生辉：如"无宿治，则邪官不及为私利于民，而百官之情不相稽"、如"治之于其治，则治；治之于其乱，则乱"、如与司马穰苴不谋而合的"以战去战，虽战可也；以杀去杀，虽杀可也；以刑去刑，虽重刑可也"、如"托其势者，虽远必至；守其数者，虽深必得"……

何尝不想把自己推崇的商鞅置于文章的最后予以强调，但思虑良多还是按照历史走吧？而且从某种意义上讲韩非的理论应该是对商鞅及法家理论的一种发展，集大成不敢苟同，但是"法、术、势三位一体"还是堪当其任，至少这种理论符合了古代帝王的口味。商君本身的法制也确实需要恰当的术和势予以支撑，正如他本人在《禁使》中承认的那样"飞蓬遇飘风而行千里，乘风之势也；探渊者知千仞之深，县绳之数也。"

但说《韩非子》是法家之大成，个人认为是需要有引号的，书中确实不乏对法制的见解，《有度》中"能去私曲而就公法者，民安而国治；能去私行而行公法者，兵强而敌弱"和《大体》中"寄治乱于法术，托是非于赏罚，属轻重于权衡"等都是对法制的肯定。

然而正如我们所见，韩非自己也用"法术"二字，《大体》中如此，《南面》、《观行》和《孤愤》也均是如此。而且韩非其人作为韩国贵族，入秦为《存韩》而说赢政，说他相对于申不害与韩昭侯亡韩之术完全出"淤泥而不染"，至少私人是不相信的。

也正是这个原因，愚以为不能同意对韩非"集法家之大成"的评判，他讲的更多的是术而不是法：《难言》中"顺比滑泽，洋洋纚纚然"、"敦祗恭厚，鲠固慎完"直至"时称诗书，道法往古"十二条难言之理都有术的影子；《八奸》、《饰邪》、《六微》和《奸劫弑臣》为洞烛臣下之术；《安危》、《备内》、《二柄》和《七术》则完全是对君主术治的建言。

无论如何，同《商君书》一样，我也十分推荐《韩非子》，二者均堪称民族文化之瑰宝，之后才是文学之不朽。其中所著也并非像石磊所言"号称难读"，事实上很多文章都写得朗朗上口，可以算是骈文的先驱——《更法》、《外内》和《禁使》等如此；《解老》、《安危》和《大体》等亦如此。

无奈这只能是我一家之言，对于骈文，史家和文家似乎都不约而同地承认震古烁今的《谏逐客书》。

李斯其人我更愿意称之为法家之矛盾，也确乎如此。于法家而言，李斯是伟大的，他废除了封建，他统一了文字、度量衡和货币，他"修驰道、车同轨"……但另一方面，他所主导的或参与的无论是"焚书坑儒"亦或是废长立幼都不是法家的形式，甚至配不上"宽政济秦法"之吕不韦的"有法依法，无法依例"。或许真的如王贲所说，他只是一个"斡旋之心太重"的矛盾的法家。

当然他的文采不遑多让，与他的小篆也是被赵高一直佩服的，《谏逐客书》也足称骈文之祖，其辩论之所长不下孟子，其引论之丰富堪比辛弃疾。能让战国最强大的秦国国君亲自去追，其影响可见一斑，而"欲一天下者，海纳为本"也正是秦国一统天下的根本原因之一。

以上只是我一家之言，又不仅仅是我一家之言，1300 年前韩愈也正是对秦汉文章的研究发起了中唐时期的古文运动。他崇尚的是司马相如，是司马迁，是杨雄，我觉得思想上更早的孔孟、列子、荀况、商鞅、韩非等无疑是更上一层楼的。

总之多读读书总是好的，还是用李斯的《谏逐客书》名句结束吧：

泰山不让土壤，故能成其大；河海不择细流，故能就其深；
王者不却众庶，故能明其德。

读书如此，思想如此，生活也是如此。

2012 年 8 月 8 日

看白驹，或昙花之一瞬，或惊鸿之永驻

——荐马塞尔·普鲁斯特《追忆似水年华》

很努力地看完《追忆似水年华》，不想像毛姆一样褒用"厌烦"，因为书写得很美，完全没有厌烦的感觉；但也不负努力二字，七部巨著，2700余页，240万字，确实很长。

相比于《大秦帝国》这点字数并不算多，关键在于"意识流"，也就意味着正如为书作序的安德烈·莫罗亚所说的"它虽然有一个中心人物'我'，但没有贯彻始终的中心情节。只有回忆，没有情节。"小说本身于是可能精细，可能博长，甚至也可能因此不具有持续的吸引力，读起来也就更需要时间。

不算在学校中的浅尝辄止，从2012年10月开始到2013年9月8日截止——我读了不止一遍，有的段落或篇章很美，甚至忍不住很多看了法文原著，但即便如此也——从未想过会读一年之久。

负责任地讲，更多的感觉，也是诸君可能感觉的，是彷徨和踟蹰。因为有太多的大师云里雾里的解读，下里巴人的我等很多次会逡巡而不敢进；因为有太多的诋毁，也曾在作者过于高大上的"做作"中迷茫的我几近放弃，不是因为无聊，而是不敢或不能直视。

读书，尤其是像搬《追忆似水年华》这样的砖头（而且好几块砖头），是要有小马过河的勇气的。

有一种看法说它是欧版的《红楼梦》，算是相对符合我的感觉，私以为不同的是普鲁斯特的内容要更加宏大，视角也广博得多。

很是推荐马塞尔·普鲁斯特的《追忆似水年华》，读的时间不同，次数不同，详略不同，感悟也就不同，事实上书本身读的或许就是不同的阶段、不同的心境、不同的目的，究竟于不同的所得——丰富的所得：初起几近未尽兴而归，朝圣或攻坚得之于生活百态和渊博学识；继而沉醉于细节不能自拔，享受或浸淫得之于细腻笔法和恢宏结构；终于回想自己与作者所表之一二，思索和反刍略得之于作品博大的内涵，比如爱情、比如嫉妒，也比如时间和回忆。

2013年10月开始后，就如同在学校一样，朝圣般甚至于伴着猎奇之心开始，那时候有的只是电子版。本就不太喜欢电子屏幕的近蓝光，于是进展很慢，与攻坚无疑，但可以肯定地告诉诸君，仍然颇有所得，至少是法兰西所代表的19世纪欧洲生活的百态，至少是马塞尔点缀满篇的渊博学识。

很多评价称普鲁斯特、巴尔扎克和雨果是法国文学的巨匠，很重要的无非是三位大师的"文以载道"，巴尔扎克以人财为视角，法官、公证人、医生、商人、农民皆在笔下，雨果的《93年》和《悲惨世界》用街头巷尾三教九流的俚语真实着法国的底层。普鲁斯特没有这样的经历，也不可能有这样的积淀，他天生就算是高富帅。

不幸和万幸的是，上天没有给他所有的眷顾，他生病了，拖着病快

快的身体，留下了《追忆似水年华》——一部记录贵族和土豪生活百态
的回忆录。

双方都用自己所有煊赫着无可比拟，又拼命找寻没有或是去过的乐
园。当松维尔的小径、遍布的奢华如"黄铜帘杆"的内饰，作为犹太银
行家的斯万用万贯家财装点了资产阶级的富足，音乐的专注欣赏、绘画
的深刻感悟，所谓斯万艺术的品味，毋宁是叩向贵族纹章的手杖；恢宏
的盖尔芒特城堡（无论是真实还是话境）、亲王的冷漠、公爵的不屑尤
其是夏吕斯的高谈阔论，所谓巍峨和古板不过在告诫贵族藩篱的界限，
而尊严不减的所谓高昂而惨淡强撑的姓氏何尝不是找寻更富有的资产阶
级的饥饿营销。

直至，财富和圈子的合流，不分彼此。

普鲁斯特的学识正好，也唯有此才能作为寻求认同的土豪和强颜冷
酷的贵族最好的装点。斯万的、盖尔芒特的厅堂金碧辉煌，少不了伯诺
索·戈索里、于贝尔·罗贝、卡帕契奥、弗美尔、维拉斯盖兹、波堤切
利绘画的点缀；贵族的或新生代资产阶级的宴会声律盈庭，缺不了维克
多·马塞、瓦格纳、比契尼、巴勒斯特里纳、圣－塞西尔也包括凡德伊
的乐句的帮衬；至于上流沙龙彼此间的谈吐，当然必须有高雅的赋比兴，
比如阿里斯泰、忒提斯、欧律狄克、芒托尔、米涅瓦、阿特拉斯的神话
传说，亦自然有热点的政治孔苏尔塔、法尔内兹宫、威廉街到帕尼尔热羊、
德雷福斯案……

当然，还不止这些，或许诸君中有人会对长达十几页的词源学感
兴趣，老实说，我昏昏欲睡了。语言的考据是痛苦也是特色，如果有
能力，我当然希望能追随普鲁斯特游刃有余于其中：像他体现法语的深
邃，把放荡不羁说成 de baton de chaise；像他突出意大利语的俏皮，用

Senonevero 和 ebenetrovato 表达即使这不是真的至少是挺巧的，像他尊重德文的严谨，区别 Empfindung（真情实感）和 EmpfindCelei（多愁善感）……所有这些，普鲁斯特只是随便说说的，或许真的就是那时候的上层社会，更多的是马塞尔渊博的学识，君不见连心理学、哲学甚至于新鲜出炉的科学技术书中也多出涉猎吗？

曼德拉曾经说过："If you want to make peace with your enemy, you have to work with your enemy. Then he becomes your partner." 不敢苟同，但是终于在《追忆似水年华》愉快的攻坚中，不知道是自己征服了它还是马塞尔的文字征服了我，太多的猎奇——如神话、如艺术、如外交、如语言——洗尽铅华凝结成普鲁斯特细腻的笔法，恢宏出伟大而严谨的作品"拱桥"。

读普鲁斯特的作品是一种真实的放松的享受，高富帅的生活嘛！本来就没有历尽千难万险的铺垫，至少没有痛楚的背景，他细腻的笔触下，自然就是"眼睛只能容忍"的一种光明。是"月白风清的夜晚以幽暗提炼出来的光明"；自然就是"耳朵也只能听到"的一种音乐，是"月光用寂静的笛子奏出的音乐"。自然就是"真奇怪，这落日，与众不同，不过我早已见过和这一样优美、令人惊异不止的落日了"般"为赋新词强说愁"。

这种细腻的最好的体现应该就是散文诗一般的比喻——或许不是比喻，而是专属于普鲁斯特的介乎比喻和通感之间的另外一种修辞——如琴弦声到激荡的流水到被月色抚慰宽解的蓝色海洋，如安东尼奥·里佐、基兰大约、丁托列托的肖像画，如挑选"最上等的臀部肉、小腿肉和牛小腿"的弗朗索瓦斯到累倒在皮特拉桑塔石矿里的美第奇陵墓的雕刻师……在《女囚》中，这样的比喻来到了巅峰，是的，就是"诗人在自己诗歌的天堂里点缀一些草原花木，山川河流"开头的那段对乐句的描写，浑然天成，美轮美奂。

也正因如此，《追忆似水年华》仅仅属于普鲁斯特。

甚至他本就在其中，作为"我"，他无处不在又留足了空间，只是静静地，看着维尔迪兰、盖尔芒特的沙龙，嗅着贡布雷的山楂花、维福纳河的祥和和巴尔贝克的海浪，体味着希尔贝特、阿尔贝蒂娜甚至于可能的盖尔芒特公爵夫人的爱情。

更多的，是用贝戈特"永远珍贵而新颖的品质，在谈话中转化为一种十分微妙的观察事物的方式"、用埃尔斯蒂尔的"将自己的作品置于他们本人已化成尘土的时代之中"。

他不仅亲眼所见、亲耳所听、亲身所感，更把自己一分为三——或躯壳、或介质、或灵魂——搭建起作品的架构（很推荐安德烈·莫罗亚的序，感谢它让我对《追忆似水年华》有了更高的认识）。正如埃尔斯蒂尔一样，普鲁斯特追求的是"必然的，不可改变的景象"，是"尽善尽美"的核心。于是不起眼的配角登堂入室，情妇、画者甚至于妓女，书不再简简单单二维于纸面，而是三维成了合二为一的建筑，正如安德烈所洞见的"就像一个巨大的桥拱跨越岁月，最终把斯万那一边和盖尔芒特那一边联接起来一样"。

至此，沉浸已不能形容我之所得，不得不开始而难以停止的思考不断伸向书背后的东西，关于爱情和嫉妒，也关于时间和回忆。

马塞尔是幸福的，他得到了爱情，有希尔贝特的，也有阿尔贝蒂娜的，或许还有德·盖尔芒特公爵夫人的，甚至……

他也一直在思考着爱情，从"我爱希尔贝特那时节，我还以为爱情当真在我们身外客观实际地存在着"到"只要我们心中永远藏着另一个人的形象，那么，随时会被摧毁的不仅仅是幸福"，终于从维尔迪兰到莱娅所有的阻拦中，作者回归了认知"斯万爱情的存在，他的醋意的坚持是由无数欲念、无数怀疑的死亡和消失构成的，而这些欲念和怀疑全都以奥黛特为对象"。

作者自己又何尝不是呢？

很自省的答案，《追忆似水年华》的成功很大程度由其关于感觉和心理的描写决定，关于痛苦和关于嫉妒的尤甚，在不断的"承受打击的延续"中，马塞尔面对了自己，无论是椴花茶的生活也好，是阿尔贝蒂娜的爱情也罢，他勇敢面对的恰恰是纠结一起无法分开的嫉妒、痛苦和爱情，是不断的"自寻痛苦，继而自我解脱"的人之常情。

生活，无非就是我们如何去面对，面对白驹，或昙花之一瞬，或惊鸿之永驻？

很明显，普鲁斯特选择了后者。

"不该绝对地为此而悔恨，因为，只有经过所有的可笑、丑恶之现形，他才能有把握在可能范围内变成一个贤哲"，是埃尔斯蒂尔（也就是我认为的他自己）做了抉择，无非是回忆吗？作者自己也说，嫉妒和梦是回忆的最好媒介，如果那"全凭偶然"的一瞬被遇见了。

所谓意识流的小说，我理解也就是回忆到哪里就写到哪里，所以很多时候会有似曾相识的感觉，因为之前几页、十几页、几十页甚至于百页只不过都是关于相同页数之前的饭桌上某个器物的回忆，泡进茶水中的"小玛德莱娜"，历尽2700页还在桌子上，这就是普鲁斯特的选择，惊鸿永驻的选择。

选择回忆，选择记忆中相互连接的"一个整体的平衡"，他也曾经"不知不觉沿着回忆的斜坡"滑开，但终于抹掉了"恰恰正是那个时间的巨大维数，就是生命据此得以发展的巨大维数"，描绘了"那些人"，没有错过从东锡埃尔到埃格勒维尔到梅恩维尔等的任何一个火车站，没有容许"一丝克扣"、"一丝抛弃"。

正是藉此，马塞尔·普鲁斯特以及与之互相专属的《追忆似水年华》让"往日之事之所以得以延长生命，熄灭的灯火之所以还能发出余光，枯败的千金榆之所以还能飘香"。

2014 年 9 月 22 日

附注：很喜欢，也比较推荐译林出版社的译本，诚然，译本没有尽善尽美——希尔贝特（吉尔贝特）和土兰（都兰）明显的翻译差别算是小的瑕疵。更多的，是风格的相对浑然，多达 1570 余条的注释是所有翻译大家智慧的结晶，是更好理解作品的关键，比如关于"je veuxbienque"（"我同意"）说成"je veuxque"（"我希望"）的准确，比如注释中 m' esasperate 方言中"令我恼怒"的和 poilu 法国兵绰号的解释等等，不一而足。

如此简单

——荐王阳明《传习录》

世界军事史上，有一个日本人有着非常重要的地位，名字叫东乡平八郎。因为有色人种的海军第一次战胜了白人，尽管不能否认西方的著作总是希望抹煞中国的努力，限定到海军，比如郑成功、比如康熙对白人的胜利都可以被无视。好吧，用一句时下流行的话语，"我竟无言以对"。

"不该绝对地为此而悔恨，因为，只有经过所有的可笑、丑恶之现形，他才能有把握在可能范围内变成一个贤哲。"

马塞尔·普鲁斯特的感悟不仅适用于个人，同样提醒我们不忘国耻，正视曾经战胜过我们的敌人。

从军事史和军事的角度，东乡平八郎确实值得铭记，我今天要说的不是他的往事，也不是什么传说或者史实，而是他的印章，准确地说是上面的一句话——一生伏首拜阳明。

坦率地承认，日本人从来都是敢于学习，也善于学习的，曾经"以'日本精神、中国知识'为口号，适应了经过挑选的中国文化的某些方面"，也曾经"又以'东方道德、西方技艺'为口号，向西方借用了它所盼望的东西"。

必有所取，取之精华，王阳明的心学就是这样的精华之一。

前后三次录、增，《传习录》作为阳明先生的学说的载体，当得起这种精华，小甘叔叔建议看《传习录》的时候我就在看，但他一句"龙场悟道在中国哲学史上具有划时代的意义"还是让我十分震撼，甚至于重新开始审视。

感谢陆澄等阳明弟子，先生的心学得以传世，《传习录》是一部《论语》一样的书，简单地记录着阳明先生与弟子的对话。

因为简单，很适合言说先生的学问，只是学生与先生的回答，是严密的逻辑推演，是贴近生活的比喻，是具体而微的操作，更是阳明心学的核心，如此简单而已。

心学一派"肇始孟子、兴于程灏、发扬于陆九渊，由王守仁集其大成"，心学的发展有其独立性，更与程朱理学关系密切，世人称之为"格心派"与后者的"格物派"相对，也正是因此局面殊为困难，周敦颐、朱熹、程家兄弟的理学在当时甚至之后很长一段时间都到了近乎统治的地步，乃至于近代的改革者们也不得不放声疾呼程朱理学的毒害。

任何哲学的书阐述自己的观点最好的方法即是辩论，《传习录》没有采用这样尖锐的形式，用了问答，在问答中，朱熹"以尽心知性知天为物格知致，以存心养性事天为诚意正心修身，以夭寿不贰修身以俟为知至仁尽"的论点被提出，也被阳明先生以"圣人"、"贤人"、"学人"三人之事的分析。以心之体性、性之原天的"大本"、"达道"的推演进行反驳，换句话说，与辩论无异，简单明了。

私以为，阳明先生的学说首先至少是极为成功的矛盾的辩证理论，所谓"知行合一"已经被我大北航建设为校训的一部分，事实上这样的矛盾辩证在《传习录》中无处不在，例证良多——如"精"与"博"、如"一"与"约"、如"理"与"文"、如"经"与"史"、如"事"与"道"、如"省察"与"存养"……

如果仅仅是"率性之谓道，修道之谓教"的干巴巴推演，《传习录》也不可能历经数百年而不衰，甚至到被有些学者极力推崇为 21 世纪学说的地步。

学说之所以发展，有其推演作为根基，也必然有各种论据予以支撑，是普通大众耳熟能详的例证更好，以"功利"、"鬼神"、"君权"为根基的墨家学说尚且知此，更遑论阳明先生的心学。

书中的例证都很有力，因为很贴近生活，比如以人对房间的观察比喻"道无精粗"、比如以"种树者必培其根"论证"种德者必养其心"、以"规矩尺度至于方圆长短"演绎"良知之于节目时变"、以"若冰霜剥落，则生意萧索，日就枯槁"针砭教书授业的弊端……

至于先生比"世儒往往自加荒塞，终身陷荆棘之场而不悔"，比自己"与其为数顷无源之塘水，不若为数尺有源之井水，生意不穷"，比"圣人之心如明镜"也就是那样的自然而共鸣了。

不少评论家都说阳明的书很虚，理由是《传习录》说"心"是本体，但什么是"心"如何在"心"上"下功夫"却没有说，我不是很赞同。

经常听一些不知道该如何直视的话，但是形容《传习录》我觉得还是很恰当的，书高屋建瓴了理论，书缠涉精微了譬喻，书也具体而微了指导。

比如著名的"无善无恶是心之体，有善有恶是意之动，知善知恶是良知，为善去恶是格物"的"四句教"就是很具体的方法。书中的"问辨思索存省克治功夫"也随处可见，这样的具体而微在中卷中尤为明显，甚至有《训蒙大意示教读》和《教约》的完整篇章。

"惟当以孝弟忠信礼义廉耻为专务；其栽培涵养之方，则宜诱之歌诗以发其志意，导之习礼以肃其威仪，讽之读书以开其知觉"阐述了"教童子"的指导意见，而"凡歌诗须要整容定气，清朗其声音，均审其节调，毋躁而急，毋荡而嚣，毋馁而慑"、"凡习礼需要澄心肃虑，审其仪节，度其容止，毋忽而惰，毋沮而怍，毋径而野"、"凡授书不在徒多，但贵精熟，量其资禀"则完全近乎操作细则了。

我姑且可以算是学人，肯定不是贤人，更遑论圣人，归根结底咱还是唯物主义者嘛，所以不能很好地理解先生博大的学问，但私以为，《传习录》很好，龙场悟道真不是盖的。

至少我读出了四个字"如此简单"。知如此，行亦如此，何况知行本是一物。

阳明先生对博杂是痛彻心扉的，甚至歇斯底里地呐喊"士生斯世，而欲以为学者，不亦劳苦而繁难乎！不亦拘滞而险艰乎！呜呼，可悲也已！"

我理解，或者说看见或者体彻到的——《传习录》只是性、心、良知、天理，或者更简单点——"心"，心学心学，好像说到底也就是这一个字，于哲学"心即理"，于科学"身之主宰便是心"。

更或者，通过某种我暂时不能证明的途径，这本来就是一个东西的不同"发之"，就像牛顿的名著叫《自然哲学的数学原理》一样。

"贵精熟，量其资禀"，多么愉快的领悟，多么愉快的解脱，我们不用努力做圣人，甚至贤人也没有必要。因为阳明先生比喻了才力有大小有不同"犹一两之金，此之万镒。分两虽悬绝，而其到足色处，可以无愧。"所以"成就之者，亦只是要他心体纯乎天理。其运用处，皆从天理上发来，然后谓之才。到得纯乎天理处，亦能不器。"

好玄黄的理论，好阿Q的看法，我竟然无言以对，因为他确实说得对，只不过功夫不到看得是后半句的自嘲，功夫到了看到的是前半句的"足色"和"心体纯乎天理"。

良知、功夫——知行合一，如此简单。

2014年9月3日

入门或者床头书

——荐傅佩荣《哲学与人生》

刚刚读完《哲学与人生》，这本书有着自己完整的体系，却又有着每个章节相对的独立性，是一本哲学的入门书籍，也是一本不错的哲学的床头书。

傅佩荣先生几次强调"哲学脱离人生，将是空洞的；人生缺少哲学，将是盲目的"。我们是需要一些基本的哲学思想的，正如从希腊文向英文解释的那样 Philia（爱）+Sophia（智）=Philosophy（哲学）。

说我们不爱智慧，这不科学，咱以后还要在这一带混呢！装也是要装出一点"爱智"的样子。

推荐《国史大纲》的时候，自己说过"无论是居庙堂之高还是处江湖之远，无论是帝王将相还是三教九流，大家从事的职业不同，职能决定大家说话的载体不同，但是生活中提炼的融化于话语中的道理是想通的，从这个意义上讲每个人都是哲学家"。

《哲学与人生》更多的就是介绍哲学的书，当然我这样说是因为人生是大家自己体味的，在书中体味的不尽相同，当然就不一定与作者相同，也没有必要相同。

哲学家者如柏拉图（Plato）、尼采（Friedrich Nietzsche）、培根（Francis Bacon）、庄子、王阳明、克尔凯郭尔（Kierkegaard），艺术家者如凡·高（Vincent van Gogh）、毕加索（Pablo Picasso）、莫扎特（Wolfgang A. Mozart）、海明威（Ernest Hemingway）、艾略特（Thomas S. Eliot）……还有很多，难以枚举。有空不妨去找这帮大哥聊聊天。而且上述名字也是本书特点之一——基本上如果需要都有英文标记或者德文（现代很多哲学家都是德国人）标记，方便查阅。

当然还是想冒昧地说说自己的一些想法：

每个人眼中都有自己的哈姆雷特，比如我就不是很赞成傅佩荣先生为了赞扬儒家而引用谭嗣同之"两千年之政，秦政也；两千年之学，荀学也"。

此话确有正确的部分，但是试问现在是简单的郡县制吗？难道这种官阶对等的匹配不正是孔夫子所谓"君君臣臣父父子子"大家各司其职的延伸吗？如果真是秦政之延续我们何必现在大声疾呼"扁平化"管理？

所谓荀学，先生自己也说无非就是李斯与韩非，首先我们已经讨论过了，李斯斡旋之心太重，韩非秉承了很多韩昭侯和申不害术治的作风，不否认成就但是并不能称之为真正纯粹的法家，至少不像韩非自己强调的"法"、"术"、"势"三位一体；退一万步讲，动辄提起的"刑不上大夫"的"法"又是出自哪里，大家应该算是比较清楚吧？

历史是积淀，哲学也是如此，正如泱泱五千年淀出《尚书·洪范》

的永恒哲学和《周易》的变化哲学一样（当然可能诸位会说二者早就有，但个人认为哲学不仅仅包括创立，同样有发展的过程，正好比基督教的发展）。

我不想把推荐变成自己的读后感，更希望尊重大家自己的感受，更何况这本来已经是一部哲学推荐的入门书籍。但是这并不影响我极力推荐，正如傅先生在《宗教与永恒》的总论中所讲：

"对'宗教与永恒'这类题材的探讨，在人的一生之中迟早会出现。早遇上的人表面上看起来好像比较不幸，因为他可能提早经历生命中的各种忧患，而且探究人生一些终极问题的需要。然而，如果一直忽略此题材，人生很可能会走在岔路、岐路，甚至是迷途上，直到最后蓦然回首，这种迟来的领悟有时候未必是一件好事。譬如，人在面对痛苦时，要思索这是因果报应，还是合适的磨练；陷入罪恶的漩涡时，会自问责任归属以及希望何在；等到面临死亡的关卡时，更希望能理解是否有死后的世界。"

我倒是觉得将宗教换成哲学这段话更加有意义，也更加贴近我们的生活。

多些阅读！多些思考！多些分享！

2012 年 8 月 22 日

有一种无须辩解的不平凡叫关于百姓

——荐柴静《看见》

初次听说柴静的《看见》是从冰哥的口中，那时候他还没有看完；初次阅读柴静的《看见》是因为近日柴静基于多种原因成了微博的热门。几天之后，我看完了，之后又看了一遍，他还没有看完。

以为是自己看得太快了，没有理解文中所表达的意思——当然，没有人可以完完全全理解另外的人，包括柴静自己，甚至也包括那些她采访过的人——仔细想想，一切言犹在耳，历历在目，只能说写得太好了。

看书的那两天关于柴静的争议仍然甚嚣尘上：有人认为她是"表演性主持"，具体的名字隐去，书中自有解释，不再做无力的点评；也有人称她为"当代林徽因"，恕我对二者了解都不多，实在不能也不想抽丝剥茧其中所谓千丝万缕的关联，也有人说她是公知的四大女神，大约应该是被女神吧？明星，被代表是正常的事情，同样的也包括他们的话，很多的自己都不曾知道却已变成别人口中自己的名言。

相信道理即好，如果硬要在纷繁杂芜的网络中求证每人每事的真伪，太累了，正如为了别人莫须有的质疑而强行劈叉一样。

唠完无厘头的牢骚，最应当关注的约摸还是《看见》这本书。

如果每天都要检讨自己的过失，写文章应该是最大的过失：一方面也会被指出行文逻辑较差，跳跃性太强；一方面也希望行云流水地挥洒洋溢。很多事情非常简单，只是自己不愿意去做，尤其是关于自己，很多情况下失去就永远不可能再回来了，与相形之下的所得相比，我更愿意坚持自己，久一点，再久一点。

《看见》确乎不错，娓娓道来，思考深刻，无须辩解；不确定可否甚至于肯定不能不朽，也足以不平凡。

某种意义上，现代社会的作家，能大众化出名的多是娓娓道来型——简单的事实，简单的语言，简单的思考，不简单的成功——韩寒当年如此，柴静的《看见》亦如此。

这样说也许诸君并不能完全同意，因为书中毕竟有着许多石破天惊的句子：

> "人们声称的最美好的岁月其实都是最痛苦的，只是事后回忆起来的时候才那么幸福。"
>
> ——白岩松

> "人性里从来不会只有恶或善，但是恶得不到抑制，就会吞吃别人的恐惧长大，尖牙啃咬着他们身体里的善，和着一口一口的酒咽下去。最后一夜，'血红的眼睛'睁开，人的脸也许在背后挣扎闪了一下，没有来得及尖叫，就在黑色的漩涡里沉下去了，暴力一瞬间反噬其身。"

"不要因为走得太远，忘了我们为什么出发。如果哀痛中，我们不再出发，那你的离去还有什么意义？"

"你必须退让的时候，就必须退让。但在你必须选择机会前进的时候，必须前进。这是一种火候的拿捏，需要对自己的终极目标非常清醒、非常冷静，对支撑这种目标的理念非常清醒、非常冷静。你非常清楚地知道你的靶子在哪儿，退到一环，甚至脱靶都没有关系。环境需要你脱靶的时候，你可以脱靶，这就是运作的策略，但你不能失去自己的目标。那是堕落。"

但偶然的振聋发聩仅仅是不经意间的点睛之笔，更多的还是那些让人觉得平淡无奇却不能遗忘的流水账：写柴静如何进入 CCTV，写柴静如何被陈虻教导，写柴静与老郝、老范的三驾马车，写柴静亲眼所见的那些一线奋战的白衣天使，写柴静那斑驳陆离令人心酸的家乡……用柴静自己的话说"真实自有千钧之力"。

确实如此，"清水里呛呛，血水里泡泡，咸水里滚滚"的平铺直叙便是这句话最好的注解，漫天的浮华过后，能有千钧之力的只能是呛过、泡过、滚过的真实。没有华丽的辞藻，没有过分的包装，没有刻意的文饰，就像《史记》开始时司马迁不厌其烦的对皇帝家谱简单的重复记录一样——深刻的思考就这样简单。刘邦一统天下的诀窍不就是那简简单单的两句四言嘛："君将若何？""计将安出？"

在我的眼中，记者尤其如此或者尤其应该如此，不是社论家的写作者也不例外。

最好的思考总归绝少一家之言，放出简单的真实，一切的一切自会在千人万民的睿智中被思考，于是深刻了。

　　"真相往往就在于毫末之间，把一杯水从桌上端到嘴边并不吃力，把它准确地移动一毫米却要花更长时间和更多力气，精确是一件笨重的事情。"柴静这样形容周正龙的华南虎事件，放开真实，一切深刻。

　　"'60分钟'的记者华莱士说过一句话：'因为所有你认为的坏蛋在心里都不认为自己错了。'"柴静这样记录陈坤志的"操纵拍卖"，放开真实，一切深刻。

　　"我一下睁大眼睛，血管在颈上嘣嘣地跳。我摸着血管，这就是最原始的东西。活着就是活着。在所有的灾难中，这个温热的跳动就是活着。"柴静这样回忆那些奋战在 SARS 中的可爱的人，放开真实，一切深刻。

　　……

用柴静自己的话说"真实自有千钧之力"。

然后让《看见》有千钧之力的确实立意，就像柴静在采访两会时候说的那样，视角对向了普通人：普普通通的电视台工作人员，在一线的医生护士，双城的瘾君子，乡下的选举者，山中的家乡，为了五毛钱打官司的郝劲松，两会中的普通民众，地震中的普通百姓，华南虎中的周正龙，伊拉克的赛跑者，支教山区的卢克安，为了生存的虐猫者，江湖中的要猴人……

从来都是如此，也许不能称之为不朽，但足以不平凡，笔触之下不再是卿卿我我的不现实，简简单单的关心哪怕都是与百姓密不可分。

正如高天流云《如果这是宋史》中对包拯的记录，包拯做开封府尹不过一年，所断之案寥寥，所谓的大公无私其实很难体现，但是有，百姓看见了，记住了，神话了。对包拯是这样，对杜甫是这样，对苏东坡是这样，百姓从不吝惜赞誉和感恩。

有一种无须辩解，大道无形，大音希声，叫关于百姓。

2013 年 3 月 7 日

正确的路何苦茫然

——荐 M·斯科特·派克《少有人走的路》

近日看了不少心理学的书，如《身体语言密码》，一本非常有用的实用心理学著作，纳瓦罗先生用其 7 岁即始的观察身体语言的一生和 FBI 从业经历，系统而细致地教授读者如何解读人类的身体语言。人力资源从业人员大有一读之必要，如若不是，芸芸我生也至少有与人力资源打交道之可能甚至于必然，多读几语避免成为面试官眼中的白纸亦属必要。

再如冰哥推荐的社会心理学论著《无价》，从社会的细胞——我觉得不应该是家庭而应该是人——人的几种共同特性，诸如简化问题（当然这个不应该是社会学而是生物或医学的范畴，人的大脑中三个部分（脑干、边缘系统和新皮质），相对感知理论等，利用简化的数学推导得出社会习以为常行为学中又玄机暗藏的推论，读来共鸣之意甚强且实用之意颇重。

当然，最吸引人的应该还是斯科特·派克先生的《少有人走的路》，该书共有三部,并非一人所写,平心而论派克先生第二部之《与心灵对话》只不过是期年之后利用第一部《心智成熟的旅程》的东风而出的赚钱工具而已。摩尔先生所著的《心灵地图》亦如此,两部著作都只是第一部的延伸或其局部内容的拓展和细化,甚至于是大量的令人反感的完全重复。

归根结底,只能怪第一部实在太过精彩,就任过心理医生的派克先生把毕生行医经验总结提炼——书本身绝非笔记体的简单拼凑,因此"总结提炼"四个字作者当之无愧——形成本书。

《少有人走的路》于1978年第一次出版,刊版之初默默无闻,直至5年之后。仅靠口口相传的推荐,该书登上图书畅销榜,20年经久不衰。

《少有人走的路》,其畅销之路亦少有书走过。

书立意深刻,语言平实,例证丰富。好吧!或许自己关于书的推荐已经进入定式,需要无意识地戒之,切记,切记……

近日向朋友们口头推荐时也有很多人会问这是一本什么书?什么内容?

这两个问题我都不能很好地回答,也自问几乎少有人可以作答,书中引证了大量派克先生一生从业的经历,说是笔记似乎有理;书中亦条理鲜明地罗列作者想表达的主线,即心灵养护,立意深刻,说其为严格的心理学论著好像也不算过分的吹捧,或许有一种文体可以不合法却合理地形容书中记载的文学——议论散文集,形散神不散。

说形散是只指读起来非常舒服,于身体而言。前些日子听上海组织部人才工作处王伯军处长讲述《人才与人文》,深受启发,无西方教堂弥撒心灵滋养的条件下的我们应该如何温暖和养护心灵?《少有人走的路》确乎不失为一剂关爱心灵的良方。它不像小说那样过于引人入胜,不至于在滋养心灵的同时对精力有太多的要求。同散文一样，形散的好处在于书籍本身完全可以看做床头书，看几页之后安然入梦，轻松惬意——这是去年以来我读得最慢的书，也是最轻松的。

说神不散是因为整本书共231页，19万余字，从未离开心灵养护之中心，深入浅出地引用大量的例证讲述了四个中心：自律、爱、成长与宗教、神奇的力量，其中又以自律为中心的中心，以基础阐释的观点对自律的四个方面（推迟满足感、承担责任、尊重事实、保持平衡）详细论述，以从业经历为论证予以证明，书的内容为心理学，却也有比较强的实践指导性，如第二部中以对神学心理四境界（"混沌的、反社会的"；"形式的、制度化的"；"怀疑的、个人主义的"；"神秘的、公有性的"）的划分可以说心灵养护之宗教理论有着非常实体化的论述，既然科学可以属于宗教——当然，翻译成宗教的本意我更愿意理解为信仰——一切都可以称之为宗教，四种层次的划分亦就不失为心灵成熟的指标性导向。

语言的平实与例证的丰富相辅相成，《少有人走的路》的可读性也正是基于此，因中文的译本而言，于海生先生的功劳是巨大的，不能湮没的。书是心理学的书，但既不像弗里德曼那样有太多生僻甚至于自造的词语给外行的读者造成太多的障碍，也不像康德的论著那样十个指头用完也看不完一句话。语言平实近人，适合普通人阅读，大量的如军队从业人员，如一切为己任的父亲，如宠爱孩子的母亲，如无法忘却童年的成年，如无法克服惰性的就业者……例证的跨度之大、范围之广很方便作为读者的我们"对号入座"，知己之所短，补己之不足，书的最开始也讲了"尊重事实"和"不逃避问题"的重要性，最大限度地消除了抵触障碍。

派克先生不仅高屋建瓴地形成自己系统的理论，亦局部性地阐述了大量发人深省的箴言，举几个简单的例子：

"抑郁造成的空虚，乃是思绪和情感的温床；年龄的增长和衰老，可以促使我们关注心灵；死亡让人更强烈的了解到生命的意义；深刻体会眼前生活的空虚，未尝不是一件好事；让我们失去一部分的纯真，这对心灵也是有好处的。"

"坠入情网，意味着自我界限的一部分突然崩溃，使我们的'自我'和他人的'自我'合而为一，我们突然冲出了自我界限，寂寞消失了，代之难以言喻的狂喜之感，仿佛体会到幼年时无所不能的快感，我们又变得强大有力。"

"成熟的心灵必须保持中立，能够容纳各种各样的矛盾和悖论，特别不要轻易受到伦理观念的影响。……对于别人教给我们的一切，包括通常的文化观念以及一切陈规旧习，采取冷静和怀疑的态度，才是使心智成熟不可或缺的元素。"

"勇气，不意味着永不恐惧，而是面对恐惧也能坦然行动，克服畏缩心理，大步走向未知的未来。"

当然第二部和第三部也并非完全无可取之处，第二部已经在前面说到，第三部对大量希腊神话的解释未尝不是深入西方文化的一条捷径，心理学和神话的结合尽管不是一种创新，也至少是一种伟大的解读，其中诸多英文释义也是第一部所不具备的，也在一定程度上避免了汉语翻译造成的误解。

《少有人走的路》书名的原因也正如中文推荐中所述，其实只是说了很多我们耳熟能详切身体会自己却决然不提的话，对自己提升非常有帮助的话。

　　既然如此何须逃避，正确的路何苦茫然？

2013 年 3 月 2 日

别把关爱做向自己的影子

——荐伍绮诗《无声告白》

尽管把 Celeste Ng 翻译为伍绮诗多少有点为难，但《无声告白》的翻译确实是小说的回乡。因为这里是伍绮诗或许眷恋的故土，更因为小说本身所述之"望子成龙望女成凤"的悲哀几乎每一天都在中国上演。

相同的故事美国有，尤其多发生于美籍华人的家庭，而更多的就在这片古老的土地上。

小说本身像莫泊桑的《羊脂球》一样，作为处女作而技惊四方，获得 2014 年美国亚马逊图书销售榜第一名。

像《少有人走的路》一般而历时更短，"惊艳"二字已不足以形容小说之全部。

或许是翻译的原因，或许是作者本身笔力就有限，仅只论细节，小说不能融情入境，也很难称得上笔墨飞扬。

文字这东西，至少中国的文字，私以为像书法一样，不是说不能容忍傅山这样颇有奇趣的流派，更多人喜欢的应该还是王羲之的潇洒直到赵孟頫的精致流美，至少我是的。

最好的文字也该是这样的，如涓涓之水潺潺溪流于笔下——精致流美，对，就是这样的感觉——而不是如西文一样更多是工整地敲打。

伍女士的《无声告白》无疑有点落于下风，或者说是另外的风格，推荐《无声告白》更多是因为处女作的爆炸力，相信对于准备以小说立身或者引以为消遣的诸君有诸多可学之处，比如小说的选材，比如矛盾的编排，更比如手法之新颖。

小说的选材，从内容上说是感情尤其是亲情，从技法上言是回忆。

但凡过得去的小说，写感情从来最简单，因为很难出错，亲情尤为如此。家庭是社会的细胞，而亲情是最容易被口口相传的，说简单了这就是亲情小说所有的秘密，因如此梁山伯与祝英台经久尤甚，因如此罗密欧与朱丽叶让人神往，更因如此《红楼梦》成为"四大名著"之首。

伍绮诗必定深谙此道，所以她选择詹姆斯的一家作为文章的底色，亦作为全本之演绎。父亲母亲对迪莉亚的爱，迪莉亚和内斯、汉娜之间的兄妹之情，迪莉亚与杰克那种说不出的准爱情……

当然也包括这样一个家庭在美国社会种族歧视中挣扎的痛苦，包括詹姆斯和玛丽琳之间"轻诺必寡信，多易必多难"的坎坷爱情。

幸福多是"生在福中不知福"的外界感叹，只有痛苦才能刻骨铭心，电视节目经常以"全身粉碎性骨折"之类的比惨吸引眼球自有其心理学依据，也唯有亲情浓酽到极致，悲惨的剧本才能催观众泪下继而使其共鸣到难以忘怀。

"迪莉亚死了"，书的开头就是这样冷冰冰的描述，玛丽琳与詹姆斯不被祝福的婚姻，内斯的愤怒，警察无所谓的冷漠，越是这样的悲惨才发人怜悯，引人入境。

或许应该感谢马塞尔·普鲁斯特的《追忆似水年华》，我相信伍绮诗也喜欢，因为在《无声告白》中时时有它的影子，虽是小说的题材，却无时无刻不是回忆——各种场景的，各种人的——正得益于这种回忆，本来冷键盘敲打式的蒙太奇增添了许多连贯，文字如涓涓流水——尽管只如支流般开始精致流美，似山中氤氲。

书本身并不长，刚刚300余页的样子，这样的篇幅给了作品一定的局限性，总有一天她会被超越，或更早会被遗忘，值得庆幸的是首先被记住，因为碰撞。

是的，是碰撞，如热力学术语一样，如果空间太小，空间里的能量就更多依赖粒子的碰撞！

在文学，或者说小说的空间里，这种粒子准确讲是粒子的碰撞，我理解更多就是矛盾。

伍绮诗女士明显是此中的高手，在蒙太奇式的回忆中，短短300余页的篇幅有了太多的矛盾：詹姆斯作为华裔与当时社会的种族矛盾，玛丽琳嫁给詹姆斯的家庭与爱情的矛盾，詹姆斯和玛丽琳在培养女儿上是学医还是交际的矛盾，父母与子女的代沟，一家人因为性别或者因为年龄亦或者因为眼睛的颜色有差别的爱的矛盾，个人自我价值的实现与家庭的矛盾，青春期的叛逆……

不一而足，总之是很多，这些矛盾正如粒子的碰撞一样，给了短短的书本巨大的动能，读者，有时是观众，更多时候是希望参与的，尤其希望参与作者解决不了的问题，这就是作者"美丽的陷阱"，或者说是吸引力所在。

当然，伍绮诗或许做的有些过了，她还写到了同性恋——我觉得应该是的。

我是个保守的小孩，所以有些事情不反对就是，支持还是有一定困难的，因此要声明这不是我提倡的，更希望社会舆论不要做这样的事情。

某种意义上，社会舆论对书、影视剧等有再创作的功效，比如评价也比如口口相传，在风靡一时的《琅琊榜》上我就犯过这样的错误。

仔细想来，"霓凰郡主只是男二号"、"梅长苏和靖王之间只差一杯情丝绕"这样的解读应该不是作者的初衷，至少不会是导演的意味，更多是观众的解读，是舆论琢磨大众对流行趣味的迎合，私以为不一定没有好处，但明显对青少年是有坏处的——至少在目前的道德理念范围内如是。

伍绮诗的笔力受马塞尔·普鲁斯特的影响是显而易见的——

比如细节：

"她听到脑袋下方传来水滴敲打钢板的声音，仿佛细小的掌声，几百万双手在为她鼓掌。她张开，让雨水流进嘴里，睁大眼睛，直视着倾盆而下的雨帘。车外的噪声震耳欲聋，仿佛有几百万颗弹珠砸在锡皮屋顶上，几百个广播电台同时发出嘶哑空白的背景音。她关上车门的时候已经全身湿透了。她掀起头发，低下头，雨水向下流在皮肤上，传出刺痛的感觉，她斜靠在冷却罩上，展开双臂，让雨滴刺遍全身。绝不，她对自己发誓，我绝不能活得像她那……"

也比如意识流随处张开的想象：

"她想起她的母亲，那些年里，她一个人守着一座空房子生活，除了卧室的床单是新的，别的东西都没有变化，因为她女儿再也不会回来，她丈夫也早就消失，现在睡在别的女人床上。你曾经爱得那么深，怀有那么多的期望，最后却一无所有。孩子不再需要你，丈夫不再想要你，最后只剩下你自己，还有空荡荡的房间。"

更比如无奈，回忆最令人难忘的就是无奈，有些错只有错过了才知道是错的，甚至明知是错还是要犯的。

"她如梦初醒……一位好妻子，应该掌握蛋的六种基本烹饪方式。她难过吗？是的。她难过。为鸡蛋难过，为一切难过。"

——如果静静反思过，如果真的"如梦初醒"，玛丽琳应该知道自己对迪莉亚医学的无理的爱，说白了只是母亲对自己烹饪的爱的重演，詹姆斯不断地逼迪莉亚去交际，无非是华人父母希望融入美国社会的期许。

但是他们没有放弃，依然把关爱做向自己的影子，"望子成龙，望女成凤"，林语堂说家族制度乃"巩固民族持续力的文化力量中"之"最有价值者"，《无声告白》之译本这样回乡式的著作就尤应该值得深刻的推荐和学习。

2015 年 10 月 19 日

传统和趋势

——端午节到《从中国历史看中国民族性及中国文化》有感并
荐之

生活中时常会有些小的敏感，可以称之为通感，而最终达成彼此联
想之意识流或者蒙太奇的状态。

"端午节不兴说快乐的，得说安康！"

一个师长回的短消息，回答的是之前的几分钟我发出去"端午节快
乐！"

受益匪浅，不禁想起了前一段时间读钱穆先生的书《从中国历史看
中国民族性及中国文化》，很棒的一本书，只是先生讲学的一些笔记，
却不阻碍和《国史大纲》一样精彩。

正如先生在《国史大纲》的序中所讲："当信任何一国之国民，尤
其是自称知识在水平线以上之国民，对其本国已往历史，应该略有所知。
(否则最多只算一有知识的人，不能算一有知识的国民。)"

书很值得一读。

对于文化，先生也持有相同的观点，"中国人要救中国，只有一条路，就是中国的文化"。

这是由中国民族性——比如和合性，比如集团性等——决定的，是我们骨中的钙，血里的盐。

传统的力量是可怕的，这里的"可怕"没有什么贬义，遑论"传统"。

传统不是保守，更多是健康的文化习俗，这里"健康"很重要，能在不加贬义的"传统"中立足的必然是历经风吹雨打而见彩虹的习俗。

关于端午节，私人理解就好比吃粽子、也好比划龙舟，当然我的家乡在北方，没有那么充裕的水源划龙舟，小时候物流不如马云现在搞得这般发达，也很少有机会用荷叶包粽子。

还是很喜欢端午节，因为会有好吃的，会和家里人去弄些艾草，偶尔还会有香囊戴——尽管记忆中好像都不知道那个时候是端午节。

这就是传统，至少让几乎所有人都很高兴，比如现在还多了一天的假期。

传统是一种文化的延续，是真正的"道可道，非常道"的只可意会不可言传的财富。

三年多了，一直在飞机设计行业，管理和技术都皮毛地接触过一些。对传统的体会更深：飞机行业有其积习，犹如深深的壁垒，它们隐藏在诸多标准、规范甚至法规中，使得周边行业发展很困难——汽车的很多软硬件来源于飞机，现在已经远远超过飞机了。

感触更多的却是传统，有师长曾经说"法规是无数空难的鲜血铸写的"，"标准和规范则是数以万计的工程设计人员经验的结晶"。

对，或许我想说的就是经验——飞机的传统，我们可以用勤奋来弥补，不是可以是必须，因为这传统就是飞机的核心文化。缺失了就好比少了艾叶、粽子、龙舟的端午，就少了民族的一点魂。

说句废话：端午节是纪念屈原的。不废话的是，从文化角度讲，至少哲学领域而言，屈子是孤独的，孤独到只能在汨罗江的水花中徒自伤悲。

钱穆先生说："一切当时的学者，只有一个人是抱有国家主义的，就是屈原。屈原是楚国的贵族，他心爱楚国……然而当时中国的思想家，一般平民学者，他们都抱着'天下主义'，只拿整个的中国来讲。"

这是屈子的成就，亦是芈原的大不幸。

他传统的坚持，宛如他"举世混浊而我独清"的慷慨悲歌一样值得铭记，使得屈子式的爱国成为中国文化之重要组成乃至典范，历经大汉与南海郡的对峙、历经五胡乱华、历经崖山海战、历经八年抗战等而在"CHINA"中生生不息。

但商鞅、吴起等的实效让芈原无疑是汗颜的。

屈子有的只是传统——甚至包括对过往陋习的选择性无奈的漠视。因此他失败了，一场以多凌少的战争中楚军十万新军永远留在了关中汉中的土地上。

屈子坚持了传统，却也无奈了陋习，更叛逆了趋势。

因此他也至多只能被铭记。

民机业曾经有不少的巨头，都有不错甚至更优秀的传统，因为叛逆民用的趋势，洛克希德·马丁如今只是军用巨头，因为叛逆了控制的趋势，麦道被卖到了波音……

所以我常常想，我们需要磨练，磨练民机人必须的传统，我们更需要跟随、选择甚至创造趋势，才能铸造商飞梦应有的品牌。

中国的民机如此，华夏的复兴也是如此。一切皆如先生书中之见。

粽子快凉了，趁余香未尽我赶紧下一口。

不吃——没有端午安康的传统，少点什么；不及时吃——逆了热力学第二定律的趋势，就不好吃了。

2015 年 6 月 25 日

多谢木心，诸神如潺潺流水一般

——荐木心《文学回忆录》

"读天才的作品，自己也好像天才一样。"

陈丹青记录木心这样说，我也觉得是，除了自己仍然紧抱饥饿感和进取心，不敢妄言"天才"二字。

但我相信木心的自信，也深感先生当得起此评价；至少，我感觉先生像马塞尔·普鲁斯特。

同是回忆，只不过一个是文学，一个是生活；同是意识流，只不过一个局部发散而形成整体，一个整体发散而始终不乱；相同的，是给读者的感觉。

于我而言，我希望能评价，能分享给更多的朋友，但很困难，书很长，《追忆似水年华》长在篇幅，《文学回忆录》则长在跨度；更痛苦的是抉择，对内容的抉择，精彩之处太多，挑彩就变成煎熬。

于读者而言也是如此，几次和毅翔聊《追忆似水年华》，每次都有不同的感悟和收获，也总有一点共识——"每个时期读都有不一样的收获，不一样的关注点，不一样的精彩"。

《文学回忆录》也是如此，深浅兼得。

《文学回忆录》是浅的，因为只是回忆录，所以对文学爱好者而言值得浅读，至少读它的内容庞大，读它的涉猎全面，读它的写法或者记法更准确是说法，尤其是更便于理解或者更引人思考的比喻，读它的于大众如何教育，于阅者如何读书。

买木心先生的《文学回忆录》几乎是个意外，是国学社社员推荐买的，买给国学社的，可惜几乎意料之中地：报销款项出了问题，所以就变成了自己买自己收藏，一直到三四个月后才开始看。

惊喜随之而来，关于木心，知道很少，看到的 83 讲的文学论述，刚开始以为是简介，终于发现是共鸣，原来自己平时工作之余所做的事情竟然正是先生所讲、陈丹青所记的。

只是先生的内容更多，神话、诗词、哲学、剧本、小说、回忆录……意识流、象征主义、未来主义、表现主义、意象主义、存在主义、魔幻现实主义……

木心前后讲课五个年头，多希望能有这样的小组。如果是读者，木心先生的推荐是不容错过的，我相信很难有什么类型是书中没有的。

不仅仅是类型，也包括地域。中国的自然不消说，希腊的是先生推崇的，英国的、法国的、德国的、美国的、俄罗斯的、日本的……

甚至也包括特定时期阿拉伯的，事实上，对于阿拉伯，像很多人一样，我也更多是盲区，但文学上木心先生做了最好的总结。

每个民族都有自己的光辉和灿烂。

不必求全责备，如果仅以自己的眼光去评价，任何事物都有缺陷，就像我也有某些瞬间觉得木心欠了加西亚·马尔克斯的不少笔墨一样。

我喜欢文字像潺潺溪流一般，自然流淌不是敲打出来的，更多如平常说话。

书的写法正是如此，或者说书本身就是陈丹青先生的笔记整理，记录的是先生说的话，于流水般的语言，这种方式是最好的生长，像普通人唠家常一样，所以说法好，记法只要直接尽量不增加二次再创作（也没有必要像整理梁漱溟先生的《这个世界会好吗》一样只求事实而忽略连贯），自然写就好。

一如先生谈论艺术家的历程："起始有了智慧，智慧又有了深度，然后变得俏皮，事事以幽默的态度处之，在无数次的谈笑间，你成熟了——这个过程，就像碳素受强力高压一样，金刚钻呢，就是陶渊明、莫扎特。"

听书变成了听故事，尤其生动的，正是比喻——更形象，也更加引人思考。

"艺术最好是像裸体"；"友谊有时像婚姻，由误解而亲近，以了解而分手"；"心理学家是把鱼拿到桌上来观察，我们艺术家是从水中观察"；"'现实'像墨水，我蘸一蘸，写'永久意义'，但不能没有墨水，不能没有意义"……

很难不去随着作者的思绪，吸收和重新整理那些静静的声音。

至于把人类文化比作自恋、把艺术家比作"水淋淋的浪子"、把灵魂和身体比作"艺术家"和"乐器"则是每每恰如其分，读来真的像在听木心眉飞色舞、激扬文字的演讲。

最绝，也最值得一提的，是如何欣赏和评价：

"观点是什么？马的缰绳。快、慢、左、右、停、起，由缰绳决定。问：缰绳在手，底下有马乎？我注意缰绳和马的关系。手中有缰，胯下无马，不行。所谓马，即文学艺术，怕走乱了，所以要缰绳。先古艺术是没有缰绳的，好极了，天马行空。不要把缰绳看得无往而不利。我是先无缰，后有缰，再后脱缰——将来，我什么观点也不要。"

读书或者欣赏文学、艺术就应该有这样的态度，"要确切理解作者的深意，不要推想作者没有想到的深意"；"看书中的那个人，不要看他的主义，不要找对自己胃口，要找味道"。

细想来，至少我之前经历的语文教育最缺乏正是这样的客观和大度，太多作者都读不出的意味却要用评判者的分数强加于可怜的孩子。

浅读，至少还应该包括读教育：

"歌德自幼听母亲讲神话——最初的家教，感慨啊！"

勿须多言！

如果只是喜欢，或者入门，木心的这些应该足够很丰富地消化一段时间，但木心远不止于此：

先生是一个旁观者和介绍者，更是一个研究者，正如先生自己评价伟大人物一样，"有一个不为人知的哲学底盘"。

因为研究，才能真正有如上所述的深刻的比喻，尤其如"整个人类文化就是自恋，人类爱自己，想了解自己"。

文化的本质是先生最基础的关注，书名是《文学回忆录》，书中最多的却是"文化"和"艺术"，木心的研究是在文学之上的。所以才会提出"爱"、"美"、"信心"、"忠诚"、"智"等只有人类学和社会学才会关注的论点并辅以不断地演绎。

必然有研究，因为：

只有研究才会以对比的形式出现，才会有先生对希腊文化个人的偏爱。

唯有研究，才能有重新定义和发现，比如"敏于受影响，烈于展个性，是谓风格"的感悟，比如"文化遗产的最佳继承法，是任其自然，不可自觉继承"的方法，比如"向未来看是胸襟宽阔，向古代看也是胸襟宽阔"的文学观察态度，比如关于罗曼·罗兰和傅雷只能台上唱戏无法做观众之不足的犀利点评，比如"文化形态学"的创造发明……

最重要的，唯有研究才能正名：

于中国文化有老子，"正是这一代代的愚昧无知、刚愎自用，才使老子悲观、厌世、消极"；于西方文化有将个人主义正名为"自立，自尊，自信"，将悲观主义正名为"'透'观主义。不要着眼于'悲'，要着眼于'观'"……

当然，也不必全着眼于接受，既然是研究就应该有自己的思考，间或有自己的不赞同：私以为木心先生于中国的古典诗词研究是不足的，或者是有偏见的，所以才会说"强烈的诗意，无懈可击的雄辩，有一种暂时的动人性，当时听者动了，事后还是糊涂，还是茫然——这就是诗"，偏激一点说，可能是源于对希腊哲学的偏爱，木心的思维在立意上首先是基于西方的。

于诗词为代表的文学如此，所以他说"文学、艺术、哲学、思想，像人的肉体一样，贵在骨骼的比例关系，肌肉的匀称得当。形体美好，穿什么衣服都好看——最最好看，是裸体"而得出中国之酒开盖而香气中溢；于哲学也是如此，所以他说"希伯来思潮、希腊思潮"两种思潮眼光独到，但是说中国始终未能融入就是先入为主了。

私以为先生在研究，所以允许犯错（更也许是我的错），只有犯错才能如此精彩才能让文学诸神如潺潺流水一般，徘徊于两本巨著之间。

研究为根本，把玩、点评（最犀利莫过于对先秦诸子）才是态度，甚至有时候会有严肃的玩世不恭，好似"家禽出在大学，虎豹出在山野"，更多是中西合璧的文学通灵，孙悟空和拜伦、林黛玉和卡夫卡、老子和阿波罗、曹雪芹和叔本华、《离骚》和瓦格纳、勃拉姆斯、西贝柳斯、法朗克等的西方交响乐……

更深刻的："最近又读一遍《复活》，实在写得好。笔力很重，转弯抹角的大结构，非常讲究，有点像魏碑。"

非大力而不能为！

《文学回忆录》，不仅仅关于文学，感谢木心，诸神如潺潺流水一般。

2015 年 5 月 20 日

一谈哲学，在脉络之清晰，考证之充分

——荐张岱年《中国哲学大纲》

张岱年先生的书不太好读，但是很好。

所谓不好读是不像林语堂先生的文章一样，如诗如画如散文。也没有诸如"必能忆及中国怎样同化外来民族之思想行为，怎样吸收外来民族之血胤"这样的高大上的用词。

张先生的书很朴实，《中国哲学大纲》是更纯粹的哲学，所以也就更好，对于哲学而言，张先生的《中国哲学大纲》条理清晰，中西映射的研究方法勇敢，整体的思路统一，是一本非常不错的入门书，更是必读之书。

写中国哲学历史的书其实框架很简单，因为每一代都在研习，基本的框架是完美的，甚至细节上谁谁谁属于哪哪家都是约定俗成的，即便在交接处也不会有诸如妄言荀子是法家的鼻祖这样不和谐的声音。

张先生当然不会犯同样的错误，我更想推荐的是先生勇敢的创新，在缤纷博大的中国哲学中，其实我们更关注的是家的归属，或者说是对出世入世的态度以及方法。

说穿了，无论出世入世，中国哲学始终关注人，关注黎民百姓，倒是少了很多对自然或者技法的研究；更现实地说，也只有出世入世的研究才有人关注——才有"肉食者"关注而终得以流传。最典型莫过于董仲舒的兼济儒家与阴阳，倒可能真的使一些"名可名非常名"的民间精华永远地消逝了，或者成了我们骨中的钙，血中的盐，人人都用，人人都知，却从来不被注意。

著述者如此，读者也是一般。张岱年先生能在此基础上划分宇宙、人生、知识的三种论点并且对各家观点的相应部分之细节、之发展甚至彼此之关系进行论述首先是值得钦佩的，因为这个很难。

仅信史记录的中国语言发展就历经近 3300 年，即便从现在经常看到的《山海经》（存疑）或者《周易》看，语言差别之大也是显而易见的，而且数百代的代沟造成的思维方式之大更是难以言说，能从精炼的文字中区分宇宙、人生、知识的差异，困难远胜于吾辈之想象。

最难莫过于割裂之风险，张先生对"天人合一"之中国哲学的根本，对"合一"的阐述，从徐干的德艺到张载的大论，直至书最后专门立论、单独成章对"对待合一"进行论述，治学之精神是值得钦佩的，以此来弥补在分割过程中造成的损伤相信也是重要原因之一。

很可贵的是，先生做到了，从宇宙之本根的包罗各家，到宇宙之大化的发展演变，到人生论、理想和问题的详细阐述，到致知的知识与方法的整理分类，甚至包括了先生无可辩驳的点评与感慨。安排之合理，论点之清晰，证据之充分，引用之恰到好处，实堪治学之典范。

书中先生又不断强调合一，从《中庸》之中和孟荀，到张载之综合天人，再到清代哲学家系统考证和基本不立论，对"天人合一"的翔实补充使得这种割裂的感觉根本是微不足道。

这是一种勇敢的尝试，也唯有能够学贯中西的潜心研究方能有所得。

"太虚实可谓与现代英国哲学家亚历山大（Alexander）所谓'空时'（Space—time）略相近似。张子以太虚为气之原始，亚历山大以空时为物质之本原为说，亦甚相近。"

"大化论即是对于大化历程中之根本事实之探讨。（按西方传统的形而上学分为 Ontology 与 Cosmology，中国古代哲学中，本根论相当于西方的 Ontology，大化论相当于西方的 Cosmology）"

无论是名词这样的细节还是方向这样的理论，上述的例子在《中国哲学大纲》中绝不少见，张岱年先生的勇敢也正基于此。

想必先生也认为，无论历史还是哲学，中国都宛如孤岛，没有人可以否认伟大甚至在很大程度上的最璀璨，但终究与当今西方基底更浓的世界研究若即若离。

感谢先生，无论是先生在书中所写，亦或是我的一点揣测，宇宙论即为世界观，人生论当然是人生观，致知论些许有点科学观的意思，把科学换为价值，貌似好熟悉的语言，是的，如果平时的讨论有很多概念的疑惑，张先生的书是不错的解释。

这是一条艰难的路，很庆幸张岱年先生没有走散，在勇敢的同时最大限度地保持了统一，不枉中国哲学"天人合一"的最高追求。

孔子、孟子、荀子、董仲舒、韩愈、朱子、张子、老子、环渊、庄子、魏晋风流；同样也没有忘记惠施、法家、阳明子甚至后来的东原、船山……

很完美的演绎，这是别样的传记，是精华的传说。

独家治学和相对宽松的文学环境使中西方哲学的映射研究成为可能，先生应该没有什么学生做研究，先生也不需要将书稿送于哪儿反复修改，所以很纯粹，更很统一。

中国治学的精神在于"述而不作"、"信而好古"，这是不错的习惯，一则很谦逊，二则也很客观，因为哲人之言行由弟子所记，《论语》如此，到《传习录》依然如此。

更多的是吾辈研究的不便，因为先哲说得多，记得也多，还要增加好多的批注和个人的理解，往往说"成一家之言"的，终于反而是箭垛式的。

每个人都是如此，加上焚书坑儒、永乐大典式的清洗，或者其他的散佚，精华留下了，更多的精华可能被永远地淹没了，同样淹没的还有先哲的思想。

这种淹没对哲学研究的影响不仅仅是缺失，同样也包括综合与增加。

张岱年先生则没有太多旁白，有的只是考据充分的对引用的解释，以及据此推论的合理的发展。

入门者，其一在于体系之严谨，此书得之；其二在于发展之演绎，此书得之；其三在于格局之明晰，此书更得之。再有书本身对古语恰到好处的解释，除去编辑过程中少到难以发现的谬误，真的很难不推荐张岱年先生的《中国哲学大纲》作为诸君的入门和必读之书。

2015 年 9 月 3 日

二谈哲学，在生活之恬淡，精神之不散

——荐林语堂《吾国与吾民》

应该是忙，或者忘了，刚刚发现这只是我推荐林先生的第二本书，原以为也推了《生活的艺术》，想来应该是忙吧！过段时间再看再荐。

之所以分开，因为确实有分开的必要，林语堂先生的《吾国与吾民》与张岱年先生的《中国哲学大纲》基本上是一起看的，甚至后者还要晚一些才看完。

先说前者，只因为"以正合，以奇胜"的古训，相比于《吾国与吾民》，它毕竟要系统得多，很适合哲学入门，也不会引人胡乱思索。

林先生写东西向来很美，美到醉人，像散文，很容易读得投入，反倒在某些局部忘记先生到底在说什么。

"她毋宁生活于大自然的旷野，昼则熙浴于阳光，晚则眺赏于霞彩，亲接清晨之甘露，闻吸五谷之芬芳；凭借她的诗，她的生活习惯的诗和辞藻的诗，她熟稔了怎样去颐养她那负伤太频的灵魂！"

读到序的时候，差点就忘记了，终于还是回来。

先生的文章就有这样的笔力，语言之美丽甚至能自成武器而夺人心魄，但《吾国与吾民》远不止这些。可作为一本哲学或者说文化著述，林先生立意和立足点之准确让很多哲学家也会汗颜。身处异域尤其是使用另外的语言写作让先生可以冷静的思考，而其学贯中西，加之与生活结合的幽默和评议同样透诸纸端，明清以考证为主的理念也深深影响林语堂先生对书进行了系统的压轴。

关于论证式的史书，冯友兰先生就不用说了，即便是《中国哲学大纲》也存在太多考据不断切割掉读书节奏的危险，相比林语堂，二位都输在诣言之美丽。

一直坚持美丽的文字是流淌出来的，就像这样，像林语堂先生的《吾国与吾民》，娓娓道来，虽是哲学及文化的著作，读起来却更多像小说，像小人书，尤其在于用例，先生说南北差异时军队的演练已是不错的证明，让我印象更深的则是"中国人藉知足哲学消极地企求快乐"。

将之与第俄泽尼的相比是中西之学德自然贯通，这里更想谈的是那些譬如：

"譬如他至少需要两件清洁的衬衫，但倘是真正穷得无法可想，则一件也就够了。他又需要看看名伶演剧，将藉此尽情地享乐一下，但倘令他必须离开剧场，不得享乐，则亦不衷心戚戚。他希望居屋的附近有几棵大树，但倘令是地位狭仄，则天井里种一株枣树也就够他欣赏。他希望有许多小

孩子和一位太太，这位太太要能够替他弄几色配胃口的菜有
才好，假使他有钱的话，那还得雇一名上好厨子，加上一个
美貌的使女，穿一条绯红色的薄裤，当他读书或挥毫作画的
时候，焚香随侍；他希望得几个要好朋友和一个女人，这个
女人要善解人意，最好就是他的太太，非然者，弄一个妓女
也行，但倘是他的命宫中没有注定这一笔艳福，则也不衷心
戚戚。他需要一顿饱餐，薄粥汤和咸萝卜干在中国倒也不贵，
他又想弄一斝上好老酒，米酒往往是自酿了的，不然，几枚
铜元也可以到汾酒铺去沽他妈的一大碗了；他又想过过闲暇
的生活。而闲暇时间在中国也不稀罕，他将愉悦如小鸟。"

这是怎样的例子描写，宛如清新明丽的画卷，一点生涩繁衍的土地
都没有。这才是墨香应该有的味道。

当然书本身终归是哲学和文化的，哪怕林先生没有这样祈望过，他
事实上已经做到了。

因为他在立意和出发点上找到了哲学最基本的要素——人。

哲学的种类有很多，研究的对象也不一而论，但有一点不变，哲学
是服务于社会的，也必然来自于人的研究。

"研究任何一时代的文学或任何一时代的历史，其最终和'最高'
之努力，往往用于觅取对该时代之'人物'的精详的了解。因为文学创
作和历史事迹之幕后，一定有'人物'，此等人物及其行事毕竟最使吾
人感到兴趣。"

独到的眼光，准确的眼光，更难能可贵的是林先生关注的不仅仅是
英雄样的人物——"可是论到研究一整个国家，那普通人民便千万不容

忽略过去"——所以他有眼光和立意成为哲学家，更有文学的底蕴让哲学流淌于恬淡的普通生活而形散神不散。

只是在讲故事，就如同木心先生说的"帕斯卡现象"一样，林先生可以把哲学思想冷静于近乎无感的思考，看到家族制度的强大和缺陷，看到地域的差异，看到中国人的弱点，更在其中穿插其学贯中西的智慧与见识。

"所谓民族本质及民族持续力，可以说一部分是先天的，一部分是文化的教育的结果，至中国布尔乔亚阶级之倒退的特性，实有助于使汉族挨过'政治灾祸'，而吸收异族血胤以渐达于革新，乃为另一问题。在巩固民族持续力的文化力量中，最有价值者，当首推中国之家族制度，盖其组织既已十分完密，原则又阐明至为详细，故任何人均不能忘却本人祖系之所属。此种绵亘万世而不绝之社会制度，中国人视为超越现世一切之珍宝，这样的心理，实含有宗教意味，加以祖先崇拜之仪式，益增宗教之色彩，故其意识已深入人心。"

私以为如果有一门学问介于哲学和文化之间，于中国而言，这门学问的核心应该就是家族制度。它是几千年来"君君臣臣父父子子"的基础，是"自颜之推（531—591）家训以降，如范仲淹（989—1052）、朱熹（1130—1200），以迄陈宏谋（1696—1771）、曾国藩（1811—1872）"各大望族耕读传家的纽带，更是明末天雄军等得以叱咤天下的根本……

"欲求家族之长存，而却收其效于民族"，中国应该感谢这样的制度，感谢南北朝的军政改革得以让这个制度有生长繁衍并进化的土壤，所以也只有中国才能"分久必合"而屹立于世界不倒。

当然，这样的依靠也催生了中国人的性格，用林语堂先生的总结是："（一）为稳健；（二）为淳朴；（三）为爱好自然；（四）为忍耐；（五）

为无可无不可；（六）为老猾俏皮；（七）为生殖力高；（八）为勤勉；（九）为俭约；（十）为爱好家庭生活；（十一）为和平；（十二）为知足；（十三）为幽默；（十四）为保守；并（十五）为好色。"

核心是"忍耐，无可无不可，老猾俏皮"。

多冷漠的总结，更可恨的是吾等竟无言以对。

尤其在先生学贯中西的例证和比对面前：

"吾人曾能几度遇到像司马迁、郑樵、顾炎武那样的人物，他们的伟大著作，昭示我们一种不屈不挠的雨果（Victor Hugo）、巴尔扎克（Balzac）的精神。"

这样的比对对林语堂、季羡林这样的大师应该多属于信手拈来吧？

先生书中论诗，论散文都是这样的——尽管我不喜欢，因为我从来不认为散文是可以与骈文诗赋相提并论的文体。

哲学是总结人的科学，却也是最远离人的科学，就好比自然科学之数学与物理，所以很多人不了解，也只有林先生这样的大师可以把哲学简单到生活的恬淡中，如同写散文一样，潺潺溪水流淌向世人。

如果说书前部分的论证还有些许阳春白雪的乏味的话，那最后除了西学对中国现代文学影响的四页不厌其烦地考证（非常严谨也十分精彩），其论文学、论散文、论诗词、论建筑、论书法则是生活之小桥流水，人人得见了。

好的哲学著作，不过如此，像精美的散文，濡染的满是恬淡之生活，形散神不散。

2015 年 7 月 19 日

智在辩证，慧于演绎

——荐《道德经》与《庄子》

"写文章，宜取三代秦汉魏晋人为准的……尤以庄子的
文章为第一。你看它汪洋恣肆，跌宕起伏，仿佛有天地不能
羁绊、时空不能限制的气概，读来使人胸襟开阔，百忧忘却，
真正是古往今来第一等好文字。它奇思怪想，波谲云诡，又
最能启发作文之思路。"

语出《杨度》，是王闿运关于做文章的感悟和建议。

很多人说《庄子》中的文章很大一部分不是出自庄子之手。个人观
点，庄子其人最早出于《史记·老子韩非列传》，同那时很多大家一样，
庄子也是个"箭垛"式的人物，曾经有人挞伐过，终于还是融入，庄子
也因此越来越大。

《庄子》中如"穷有八极，达有三必，形有六府"，如"人有八疵，
事有四患"从语言上几乎可以肯定不是出于庄子本人，这样的推导很容

易想到另外一个人——韩非，之前推荐法家双璧《商君书》和《韩非子》的时候里面提到了《八奸》《六微》《二柄》《七术》等等，何其相像？

约摸是后人看到太史公把韩非和庄子放在一起，模仿杜撰之后加入《庄子》的吧？多了推演，少了潇洒。

仍不失为名篇，思想一致即好。私以为，庄子的文章多是故事，很像目前很流行的禅师和青年的故事，典型的如《逍遥游》、如《大宗师》。

《寓言》中总结"寓言十九，重言十七，卮言日出，和以天倪。"可见一斑，这样的总结同样当然不会是庄子的，离他的肆意远了，甚至搁哪位大家身上都有点奇怪。

哲学很大程度上是思辨的结果，除了庄子，他懒于争辩。

必定有人找庄子争辩过，结果也如楚王的使者一样，庄子悠然地说"哥们给你讲个故事吧？"故事没有讲完，去的人羞讪了，庄子已飘然云游。

那画面太美，不敢想象。

很浅显的故事，还都是对的，所以很难不动人，也就无法反驳。说白了，庄子的智慧，更多的是慧，是演绎的，是动态和生长的，动态于庄子的"汪洋恣肆"，生长于后人抑或敬仰抑或借力的崇尚。

我看的《庄子》是中华书局出版的方勇译注的版本，所谓自己的一些推荐只是真诚的班门弄斧，因为方先生在最开始有多达34页的前言，对庄子其人、《庄子》其书、庄子的思想、《庄子》的艺术特色、庄子的地位与影响、历代的庄子研究等都做了详尽的阐释，是一篇很好的推荐《庄子》的文章，作为后学我说得越多反倒是越贻笑大方了。

事实上，那时候的圣人几乎都是"箭垛"式的人物，在后人的批判或者崇拜中越来越失去了自己。

除了老子！

无论叫《老子》《道德经》更多的可能是《五千言》——因为量化——至今仍然是5193个字，可以注解，可能错传，却不能估计也没有能力增加。

老子在最后一章中讲"信言不美，美言不信。善者不辩，辩者不善。知者不博，博者不知。"

很无奈也很庆幸我没有达到这样的高度，于是斗胆而忝列讲讲后学的一些看法，推荐诸君去体味圣贤的智慧。

"老庄"常常是在一起的，没有关系是不可能的，前人不好说，经过演绎后则是必然的，甚至于老子和杨朱也是联系的。

"一毛不拔"即出自杨朱，原句是"积一毛以成肌肤，积肌肤以成一节"，老子的"故贵以身为天下，若可寄天下；爱以身为天下，若可托天下"基本是同样的意思。

很难不推崇老子，原因之一即关于历史的推演，老子洞若观火，"失道而后德，失德而后仁，失仁而后义，失义而后礼"，《商君书·更法》有云"愚者暗于成事，知者见于未萌"，斯言是也！

庄子也讲了，讲得更多更具体："观于天而不助，成于德而不累，出于道而不谋，会于仁而不恃，薄于义而不积，应于礼而不讳，接于事而不辞，齐于法而不乱，恃于民而不轻，因于物而不去。"

《道德经》中关于智和"弃智"的矛盾可以归结为因材而异，庄子则列举了"昭文之鼓琴"、"师旷之枝策"、"惠子之据梧"，也形象了"井蛙不可以语于海"、"夏虫不可以语于冰"、"曲士不可以语于道"的"拘于虚"、"笃于时"、"束于教"的具体情况具体分析。

其义相通是秃子头上的虱子——明摆着的，于是不少人认为《庄子》某种意义上就是《道德经》的最早的注解，其《马蹄》《胠箧》等篇也确实证明了这样的推论。

我无意反驳，更多的却是不敢苟同，首先《马蹄》《胠箧》等篇是否庄子所作的问号就很大，其次以庄子之汪洋恣肆，以庄子之闲云野鹤，以庄子之神龙首尾，以庄子之淡薄孤独，让他作注，于庄子为难，于吾等何忍？

两书有着本质的不同，虽然《庄子》也写到过"泰初有无，无有无名；一之所起，有一而未形。物得以生，谓之德；未形者有分，且然无间，谓之命；留动而生物，物成生理，谓之形；形体保神，各有仪则，谓之性。性修反德，德至同于初。同乃虚，虚乃大。合喙鸣。喙鸣合，与天地为合。其合缗缗，若愚若昏，是谓玄德，同乎大顺。"

庄子确乎有意识无意识地曾经试图建立哲学体系，但整体而言更自然，更"无为"（哲学和学术上），更偏向于性和慧的修养，而《道德经》建立了理论甚至是应用体系，其"无为"之意固然明显，"而治"之意更加浓重。

很粗犷的感觉，老子只是不想或者不屑和大家玩了，《道德经》则是关尹逼迫之下老子留下的怎么玩的思想——略带激愤的怎么玩的思想。

两千多年了，《道德经》久经考验而不衰，原因也在与此，于穷经皓首的读书人，它像维特根斯坦的文章一样"读不懂，但是好像没有什么不对的"；于经邦治国的帝王将相，无论是刘邦的"君将若何"、"计将安出"还是太宗皇帝的"垂衣天下治，端拱车书同"不都是老子"无为无不为"的智术吗？汉唐两代国祚长久以至于成为华夏的标识，很难不让人对老子顶礼膜拜。

因为至少《道德经》智于思考，智于勇敢，智于辩证。

身为史官，老子的涉猎之广是难以想象的，他更融入了自然，尤其融入了水。第三章中老子说"上善若水。水善利万物而不争，处众人之所恶，故几于道"。借水"居善地，心善渊，与善仁，言善信，政善治，事善能，动善时"对修道提出了十分明确的祈望，有人说这是出世的消极，何其差矣！第七十八章老子又一次提到了水，说"天下莫柔弱于水，而攻坚强者莫之能胜，以其无以易之"。再说消极和出世，多少有点过不去了吧？

出人头地不难，难的是不执著于出人头地，后世演化了很多"木秀于林风必摧之"、"人怕出名猪怕壮"的明哲保身，而老子则是观察并记载到"强大处下，柔弱处上"的第一人，这种思考和智慧需要的勇气想必都有感受，但是能做到吗？也可以努力修，很难。

《道德经》中这样的辩证比比皆是：有无、美丑、善恶、难易、长短、高下、音声、前后、轻重、静躁、曲全、枉直、洼盈、敝新、雌雄、荣辱、黑白、进退、歙张、弱强、废兴、取与、贵贱……不胜枚举，很羡慕太极中阴阳相生的提法，而老子的《道德经》则用辩证把这种智慧演绎到了极致，辩证本身也构成了智慧本身的一部分。

书为文朗朗上口，一如耳熟能详的"明道若昧；进道若退；夷道若颣；上德若谷；广德若不足；建德若偷；质真若渝；大白若辱；大方无隅；大器晚成；大音希声；大象无形；道隐无名"；更一如鄙人非常深刻的"轻诺必寡信，多易必多难"。

有一种比喻，物质食粮对精神食粮的，说儒家文化好比主食，不吃就会饿；佛家文化好比水果，不吃不甜蜜；道家文化好比副食，不吃没滋味。好像没什么不对的，生活中是要有滋味的，所以道家文化真的值得一读，尤其是老庄。

读了很多，甚至也经常卖弄两句里面的经典，但我还是读不懂，更多的算是响应"全民阅读"吧！前一段时间看的两个版本都很推荐，一版是中国华侨出版社文若愚编著的《道德经大全集》，一版是华东师范大学出版社释德清撰的《道德经解》。前者读起来更简单，每篇注解之后的故事恰到好处也有助于理解，后者长于注释和解读，诸如"名则有无相生，事则难易相成，物则长短相形，位则高下相盈，言则音声相和，行则前后相随"的精品解读层出不穷。

2015 年 5 月 22 日

中立方能久远 冷漠反越感人

——荐《呼兰河传》和《生死场》

细细想来，第一次听到萧红应该是大学时候。如果没有记错，楠哥就读的中学就是萧红就读的中学，是否真如此就没有必要纠结了。

接下来就是秋水姐推荐看萧红的《呼兰河传》，也是无聊，更多是读书人之间相通的喜欢，这次没有看电子书就买了一本来。

书不厚，看到一半才发现，其实还有半本是附带的《生死场》。

都不错，都很推荐，更多的是推荐萧红的书，或许还有其他，只要都是这样的风格，这样的笔触，这样的深度，应该都不错。

之前推荐过余华，不知道他有没有受萧红的影响，揣测是有吧？

满纸的悲凉，不同的是萧红的笔触更深，却更不着痕迹，眼泪充满了，却掉不下来。

浅显点，萧红女士的状景很好，深入点，一切其实都是冷血的存在。状景只是为了对比更冷漠的冷血，无论大的背景是怎样的存在，更多的视野始终集中于乡村，描写满是悲凉，更冷酷的悲凉。

> "房后的草堆上，温暖在那里蒸腾起了。全个农村跳跃
> 着泛滥的阳光。小风开始荡漾田禾，夏天又来到人间，叶子
> 上树了！假使树会开花，那么花也上树了！
>
> 四月里，鸟雀们也孵雏了！常常看见黄嘴的小雀飞下来，
> 在檐下跳跃着啄食。小猪的队伍渐肥起来。"

如果不是工作，大家喜欢的应该都是这样的生活，萧红笔下的状景，从来如此，写得很细节，该静的涵养非凡，该动的清新明丽。

无人的如此，有人的更如此。我是喜欢这样诗情画意地描写，更感动的是紧接于景色的对人的冷眼旁观：

"只有女人在乡村夏季更贫瘦，和耕种的马一般。"

女人，就在小猪之后，比为耕种的马，些许难以名状，更多的因为手的颤抖，总是无法言说这样的感觉，更希望诸君在萧红的著作中亲自去感受。

或许就是对比——应该是的。

自然从来不会吝啬慷慨，也基本不懂得悲天悯人，这是黎民的大幸，更是悲惨者的大不幸。

萧红，就是用对比——冷血地对比，诠释着这样的大不幸。

不表现一点悲悯，甚至还会反复咏叹这种大不幸，就比如《呼兰河传》中反复出现的"我家是荒凉的"和"我家的院子是很荒凉的"。

"同院住的那些羡慕的人，都恨自己为什么不住在那草房里。若早知道租了房子连蘑菇都一起租来了，就非租那房子不可。天下哪有这样

的好事，租房子还带蘑菇的。于是感慨唏嘘，相叹不已。"

初读是羡慕，再读如鲠在喉，三读是泪水，饱满于眼中却无法落下的泪水，恰如那种哭不出来的哽咽。

这样的场景只在乡村，这样的感情也只有乡村才凸显得更让人无语。

城市的节奏终究太快，欢喜和悲惨很快被淹没，只有乡村的百无聊赖才让这样的感叹、冷漠或者是讽刺更加持久甚至永恒。

因为"在乡村永久不晓得，永久体验不到灵活，只有物质来充实她们。"

虽然艰苦，甚至这种艰苦要经过十分的努力也未必能实现改变，一如《平凡的世界》所演绎的那般，但是我很享受乡村生活，不是曾经而是一直，不仅仅因为那是真正自由的世界，小孩子的童趣，乡村的广袤，山地的崎岖，路边的花草，甚至于少儿最好不要看的悲惨状景都是自然的，也是自由的，也不仅仅因为我生于斯，热爱乡村的人、乡村的事、乡村的土地、乡村的一切，更因为少了包装，乡村的一切都是自然的。

对于子女的教育，我向来认为高大上的环境诚然是爱，能让人去历练也是一种自然的追求。

乡村就有这样的作用，没有包装，一切都是自然的，艰苦的，尤其是冷漠。

"但这也不是不声不响地把事就给解决了，过了三年二载，若有人提起那件事来，差不多就像人们讲着岳飞、秦桧似的，久远的不知多少年前的事情似的。同样发生这件事情的染缸房，仍旧是在原址，甚或连那淹死人的大缸也许至今还在那儿使用着。从那染缸房发卖出来的布匹，仍旧是远近的乡镇都流通着。蓝色的布匹男人们做起棉裤棉袄，冬天穿它来抵御严寒。红色的布匹，则做成大红袍子，给十八九岁的姑娘穿上，让她去做新娘子。"

萧红笔下的就是真的乡村，只有物质，所以人有更多的时间去消化甚至演绎谈资，说起来都是热闹，细想皆为悲凉。

一如马克·李维在《偷影子的人》中所写"所有流言蜚语都为人津津乐道，人人都热衷于他人的不幸。"

"村人天生容易失望，每个人容易失望。"失望的人是很难建立底线的，冷漠一如关爱，真诚到坦荡，更让人觉得可怕。

《呼兰河传》发生于乡村，《生死场》多半也是如此。

这种感觉真的很是触痛人心，或许就是因为冷漠反而感人。

尽管不乏作者对祖父的追忆，甚至于是美好快乐的追忆，我依然觉得萧红的主题更多是悲凉，是对1937年之前的中国泣血的独白。

短暂的美好只是为了对比更加冷却的痛苦，对有二伯如此，对冯歪嘴子如此，对在偏方和大神的摆弄中死去的小媳妇更是如此……

就像萧红在两部著作中不断提及、不惜笔墨的坟茔一样，"永远悲惨的地带，连个乌鸦也不落下。"

萧红在《呼兰河传》中说："这些盛举，都是为鬼而做的，并非为人而做的。至于人去看戏、逛庙，也不过是揩油借光的意思。"

在大多数的，至少当时大多数相信现在也为数不少的农村，真实的悲凉恰如萧红所述。

之前没有出来读书工作，我真的见过家人和亲戚——记忆中最多的是大姑和小姑——清明或者七月十五一起去祭奠自己的亲人：

在空旷的山里的土地上，哭声是悲凉的，也会有很多的眼泪，我的心里也满是怀念、崇敬和辛酸，但是过来，也会走上小路和其他上坟的人一样，多半各回各家散去了。

萧红肯定也感受过，所以写得真实，还有一些我们很难感受的，像她与萧军悲惨的爱情，她与端木蕻良悲惨的爱情……她身为女人的感受。

《呼兰河传》中有关于塑像的描写，男人"一见生畏，不但磕头，而且要心服"。女人"温顺的就是老实的，老实的就是好欺侮的，告诉人们快来欺侮她们"。

这样的通感只有萧红有笔力写得出，更因为她真切地感受的到：

《呼兰河传》的团圆媳妇是悲凉的，更加悲凉的是《生死场》的全部——金枝和月英……

还有王婆，"半日的痛苦没有代价了！"而且"一生的痛苦也都是没有代价的"。

或许王婆的正是萧红自己真实的独白。

记得推荐柴静的《看见》时我说"真实自有千钧之力"，萧红则用小说再现了自己看到的，感受到的甚至真实经历。

独白更多的就是回忆，从自己到祖父，到有二伯，到冯歪嘴子，到胡家……从赵三到成业，到金枝……

写法很简单，如同日记，散碎的日记，多年之后简单地拼接。所有人都是活的，也包括在水泡子中淹没去的猪、马，包括《生死场》开头丢失的牛，所有的最后又在回忆中消失。

萧红像旁观者一样，或许亲历真实，至少制造了真实的感官。

写得中立，没有太多的捧，更突显近百年后的长久，对比、取材都更冷血，更冷漠，反越增加真实的感人，值得一读。

2015 年 7 月 25 日

总有朦胧的天真震撼心底

——荐治愈系之马克·李维《偷影子的人》和克莱儿·麦克福尔《摆渡人》

"这是他的人生，而只有他一个人能决定他的人生。你必须顺应事实，放手成长，你没有必要医治好在成长路上与你擦肩而过的每个人，即使你成为最顶尖的医生，也做不到这样。"

马克·李维在《偷影子的人》中这样说，回忆录和治愈系小说的差别正在于此。

文字实在是很奇妙的存在，哪怕反对也是"天雨粟，鬼夜哭"的传说。

于我等讲，最大反映莫过于读书：读书是件很奇妙的事情，有时候鸿篇巨制反而很快，比如《大秦帝国》也比如《追忆似水年华》，因为写得好，引人跟入；有时候短小不怎么精悍却读得很慢，比如《偷影子的人》也比如《摆渡人》，不知道是来自哪里的定义都会有人称之为治愈系小说，写得也很好。

不过引人入胜的手法却在书外，在引人回忆——对号入座的映射，在自我回忆的断断续续中翻完手中的书卷，眼睛很可能湿润，心中却抹开诸多乌云，脸上满是自己都难以觉察的微笑——治愈系小说写了什么未必记得清楚（很多时候我也记不清楚，因为本来不长的书往往很久才能读完），但自己却着实洗涤着回忆，治愈了过往。

《摆渡人》和《偷影子的人》正是如此，很难不被牵引着回忆，因为总有点滴能触动心底：比如儿时的骗局、谎言或者更加广义的错误；比如只有夜深人静才有的自己对自己的倾诉；比如无可奈何或无须防备时的坦然。

骗局或者谎言几乎是所有治愈系小说最好的题材，我并不是个完全坦诚的小孩，我相信没有人是，或多或少心底都会有这样那样的历史，往往还是黑暗的——当然，更有叛逆的心认为不是自己的黑暗，而是现有的价值体系的不健全。

我有的，所以读到能偷影子的"我"因为老鹰风筝而骗杂货店老板妈妈如何抠门时自己笑了，慢慢掩上书卷，沉思了好久，回忆自己小时候不爱吃炖的胡萝卜就悄悄地倒在马桶、倒在石头后面甚至倒在山上，回忆起自己想吃辣条会和家里人说要买铅笔……

治愈系的小说从不避讳这样的伤疤，不避讳我们曾经犯过的错误，往往是骗局或者谎言，只不说是我们的——先是感同身受，之后回想相类似的经历，甚至还因为能够躲避有一点小小的窃喜，终于到顿悟地羞愧，羞愧于"人一旦开始撒了一个谎，就再也不知道如何停止"的过往，用回忆治愈之前的灵魂。

没有办法和别人言说——往往如此。

所以克莱尔·麦克福尔暗示了解脱的办法，"我需要你"般坦然。

马克·李维也说了"我知道如果我骗你，告诉你我很幸福，你会相信。但我做不到。最难过的是看到你和我在一起，你却显得如此孤独。我不怪你，但我认为我并没有做错什么而需要遭受这样的惩罚，成为隐身在门后的女人。"

就是这样的坦然，像偷影子的"我"在阁楼上窸窸窣窣对影子的倾诉一样，只有面对曾经的伤疤，才能寻找到医治的灵药。

诸君可以细细想，至少于我而言，很多有意义、独立思考的时间是在夜深人静时，会想很多的办法，会有很多的感悟——写不下来的感悟——或者真的写不下来，或者想好第二天写却忘记了，更多的是忏悔。

每个人都有心灵的污点或者伤痕，不为人知，也不希望为人知，只愿这样，捧着一本小说，看着作者在书中偶尔含沙射影着自己，掩卷坦然地倾诉，不避讳过往种种无法启齿，听众只有自己。

格局不一定有多宏伟，影响不一定有多深远，因为"生命中某些珍贵的片刻，其实都来自于一些微不足道的小事"。

正是"微不足道的小事却一点一滴形成一条链子"，将我们"牢牢与过去连在一起"。

所以治愈系的小说很有以小事情而言大力量的感觉：琐碎的回忆必然不会有惊天动地的大事件，只是普通人的生活，在《摆渡人》中是随摆渡人崔斯坦穿越荒原，在《偷影子的人》中是自己、是看门人伊凡、是欺负自己的马克、是梦中情人伊丽莎白、是面包师的儿子吕克、是哑巴克蕾尔……

这样的小说不会有自己够不到的人，否则读者也够不到，不会随着马克·李维或者克莱尔·麦克福尔的思绪用掩卷的回忆治愈心灵。

最好的是亲情，这种描写也最是细腻和感人，就像《偷影子的人》中主角参加完母亲的葬礼回家打开冰箱一样，父爱的不足，母爱的强制性忽视和终于无法报答。

读来一点不费劲，身边的事情、亲人，间或一点震撼的语句：像"不要被恶魔或困难干扰了你的视线，忽略那些，坚定自己的道路"；像"如果我真的存在，也是因为你需要我"，更像"童年的爱是很神圣的，什么都无法将之夺去，它会一直在那里，烙印在你心底，一旦回忆解放，它就会浮出水面"。

亲情已经使喟叹的眼泪如决堤的洪水，几点心灵鸡汤为引药，加上"童真"，破涕为笑。

鲜衣怒马忙忙碌碌后，终于被久违的朦胧的天真震撼心底。

这就是治愈系小说的全部秘密。

《偷影子的人》当然还有别的，比如用马克和"我"的影子演绎的得失之间，"每一个人都有自己的世界，一人一世界，光丽的外表或者强健的体魄并不能表示他人的幸福，每一个人都有自己的悲伤。外表风光强悍的马格，谁能想到他的晚餐没有一家人的陪伴，只有履行任务般的进行。这或许就是一个人光环下的阴影。所以没有一个人是最悲哀的。只是你不了解罢了"。

《摆渡人》也有，最重要莫过于荒原映射的勇敢，"荒原里之所以出现山坡、乌云，一切阻碍，全是因为你内心的担忧、恐惧"。迪伦很勇敢，所以战胜了。

　　两本小书，推荐给大家，有空可以读读，相信很多人读完，也会勇敢地战胜。

2015 年 11 月 9 日